童眼看泉城

乡情在课程生长中流淌

韩爱民 主编

编委会

主　编：韩爱民

副主编：王科科　徐磊

编　委：程蕾　李暖　梁俊南　邵海玮　沈健
张晓燕　芦馨　崔霞　王玉河　滕薇
段华　匡玫　刘爱华　薛巍　颜颖
王姗姗　吕娜　应欣　徐万欣　常玉娟
吴晓莹　陈静　吴向红　王琳　高阳
陈俊勇　陈琳　王婷婷　唐天意　冯薏璇
郭廓　陶明泉　荆靖　张红燕

2017年5月，济南市青龙街小学“小学德育实践活动课程建设与实施研究”课题被列为山东省教育科学“十三五”规划课题。2019年5月，课题经过区、市、省层层评审选拔，成功跻身山东省基础教育改革40项重点项目。学校领导顶层设计，各级专家跟进指导，骨干教师深入实践，初步构建出系统灵动的德育实践活动课程体系。

序一

自有人类起，便有教育。教育是人类所特有的活动，这是人与教育相融相通的内在的、根本的缘由。然而，“教育”这个看似为人们所常态化使用的、最普通的、最大众化的概念，实际上却蕴含着复杂的、深邃的内涵。很多人想要真正领悟教育的真谛，进而忠诚于教育、践行本真的教育，却常常付之阙如。这也正是教育实践陷入种种误区的认识论根源。而从根本上来说，无论我们如何界定、阐释乃至创造教育，都永远不能回避一个问题，即如何处理教育与生活的关系。因为每个人都是生活中的人，是在生活中不断追求幸福和提升生命质量的人，而教育就是要赋予他们追求幸福生活和完善生命的信念、知识及技能。接受什么样的教育，就是过什么样的生活。质言之，教育与生活是融为一体的。杜威的“教育即生活”、陶行知的“生活即教育”都表达了同样的观点。在古今中外的诸多教育研究与实验中，无论是“生活本身就是教育”的主张，抑或“教育本身也是生活”的观点，都普遍地将生活视作教育的场所。当然，生活是有良莠之别的。教育就是引导个体过一种积极向上的、健康的生活。好的教育、有价值的教育都是服务于人的生活的，而理想的教育实践则必须回归到生活世界。这既是我们界定教育、把握教育本质的一个基本视角，也是我们实施教育、改革教育、创新教育的一个基本准则。

基于教育与生活的内在的、不可分割的关系，学校或教育者需要在课程开发和教学设计上遵循生活化原则，到大自然、大社会中去寻找“活教材”。唯有如此，才能赋予教育以生活的气息，教育才能成为“活”的教育。只有“活”的教育，才能培育出具有生命力和生活能力的学生。但在现实中，先贤所批判的“教死书，死教书，教书死，读死书，死读书，读书死”之旧教育遗毒远未肃清，而且极端应试教育在素质教育改革的艰难探索中犹如顽瘴痼疾，尾大不掉，在许多地方甚至大行其道，后患无穷。当教育疏远乃至背离了生活，背弃了学生的生活与生命需求，有“教”无“育”，目中无“人”，便异化成了一个“制器”而非“育人”的过程，最终的结果是剥夺了学生的生活体验与生活能力，更遑论生活的幸福、心灵的自由、生命的完整。如此教育，是违背教育之本质和客观规律的，因而也是没有价值的，甚至是“无人”的、反人的教育。可以说，中国教育改革的最终方向一定是走向素质教育，而素质教育的核心向度之一就是从学生的生活需求出发，以生活世界作为基本的教育载体，在参与生活、改进生活、建构生活中，培养学生主动谋求并实现幸福生活的能力。

要让教育回归生活世界，要让教育借由生活来促成人的成长，就要在生活中找寻“活”的教材。但谁来找寻，找寻什么，却又是一个不可规避的问题。在素质教育探索过程中，尊重并培养学生的主体性和创造性被普遍视为教育的起点与归宿。在具体的教育教学实践中，一个悖论就是学校或教师一面强调尊重学生主体地位，一面又经常越俎代庖，充当课程与教学的设计者和掌控者，这实际上是剥夺了学生作为主体参与课程建构的权利，归根结底还是让学生去被动适应既有的、成人化的以及属于他者的教育。所以，要尊重学生主体性，就必须尊重学生的视角，发挥学生的想象力和创造力，让学生在生活实践中主动地去学习、思考和行动，从而发现和领悟生活是什么以及如何生活。概言之，学生应成为找寻和建构新教材、新教育的主体。那么，要找寻什么呢？是那些映入学生眼帘且触动学生内心、引发学生思索的东西，是真实地存在于生活、与学生的学习和成长息息相关的东西。它可能是一次蓝天白云下的旅程，可能是一段枯竭的河床，可能是一座故旧的老屋，可能是一只停驻窗前的飞鸟，可能是一片蛙鸣蝉噪的田野，可能是菜市场里的热闹场景，可能是乡下老家的田野劳动，可能是深深庭院里的笑语欢声，也可能是一段糗大了的儿时经历……总之，这一切就存在于或发生于学生的日常生活之中，却蕴含着或深或浅的道理，即生活的真谛，等待学生去发掘、去认识，继而启迪生长、圆润生命。这便是教育的含义，也是生活的含蕴。

一个健全的人或一个圆润的生命，最不可或缺的是道德的成长。德育始终居于教育体系的中心，大到家国情怀，小到人之为人的道德良心，无论是个人修炼，还是集体塑造，都要遵循德才兼备、以德为先的原则。正是在这个意义上，我们强调立德树人是教育的根本使命。教育要回归生活，要依靠生活过程来达到立德树人的目的，这意味着学校德育教材也必然走向生活化。尤其是对于小学德育课程而言，一味地用空疏的、遥远的、艰涩的、抽象的、沉重的符号强硬注入，不仅无法唤起小学生的道德意识和积极的道德情感，也无法将“道德”的种子根植于他们的内心，结果只会适得其反。在此背景下，青龙街小学的探索令人欢欣鼓舞，他们的教育智慧和教育情怀更令人感佩。他们秉承“从生活中来，到生活中去”的原则，立足于本域特色和本土资源，以家国情怀培育为底蕴，通过建构由“泉”“城”“人”“文”版块组成的“童趣泉城”德育实践活动课程，凸显“玩”和“趣”的生活元素，引领小学生“行走泉城、品读家乡、植根文化”，使得拥有4500多年历史文化积淀的济南老城成为他们“活”的教材和课程，实现了真正的“小校园、大教育”，引领学生从校园生活走向更加广阔的社会生活舞台。孩子们在用自己的眼睛去观察、认识和感受这座老城的历史古迹、人文精神、文化积淀等，体验泉城之美，领略泉城之魅，他们自身的知识结构、思维方式、审美与价值、道德情操乃至家国情怀等都得以生动的塑造。就跟趵突泉一样，孩子们获得了生命中不可或缺的

“灵性”，成为促进他们道德成长的真实的生命场域。此即乡情文化和乡情课程的特殊价值。从根本上说，这是教育尤其是德育课程回归生活的必由之路，也是充盈和完善小学生幸福童年的应有之义。

冯永刚

2019年8月22日于泉城

序二

“教育兴则国家兴，教育强则国家强。”当今世界强国无一不是教育强国，在其发展过程中，都十分重视发展教育。“教育是民族振兴、社会进步的重要基石，是功在当代、利在千秋的德政工程，对提高人民综合素质、促进人的全面发展、增强中华民族创新创造活力、实现中华民族伟大复兴具有决定性意义。”习近平总书记这句话突出体现了教育的重要定位和作用。教育的核心问题是“培养什么人、怎样培养人、为谁培养人”。我们的教育培养的人才应当是德智体美劳全面发展、拥护中国共产党领导和社会主义制度、立志为中国特色社会主义奋斗终身的有用人才，这样的人才是建设社会主义现代化强国所需要的人才。我们各级各类学校管理者和教师在自己的工作中也要以此为目标进行教育活动。

韩爱民校长在自己几十年的教育教学和学校管理的实践基础上，带领青龙街小学的师生，动员孩子的父母和学校的校友们，一起总结编写了这本《童眼看泉城》。这本书既是学校教师的专业情感倾注，又是学生们的精彩成长瞬间；既可以作为学校教育活动的参考用书，又可以作为家校共育的典型案例；既是“培养什么人、怎样培养人、为谁培养人”的鲜活实践、现实回应，又对中小学校整合地域资源开展有效德育工作有着指导性的意义。

本书包括四个部分，按照课程缘起、课程设计、课程实践、课程效果的逻辑，向读者呈现了本书的来龙去脉、核心观点、内容结构和实施成效。书中既有老校友对青龙街小学四季美景的回忆，以青龙街学子为豪的深情，对学校发展给予的深深祝福；又有学校领导对教育的深入思考，对创新育人途径的执着追求，克服困难破茧成蝶过程的辛劳付出；还有学校教师的主动学习理论，尝试创设实践活动，深入挖掘泉城人物、美景和文化底蕴以扩充教育资源，先行体验感悟以达情感育人目标的不断努力；更有学校学生“舌尖泉城、泉城故居、泉城之桥、寻根探泉、诗美泉城、民俗泉城”六大主题的集体实践活动，探究学习过程中深爱泉城的真情流露，立志求学建设更美家国的豪情壮志，做泉城小主人巡河护河节水保泉的全心投入。本书第四部分更是围绕教育对象的变化，从多个角度向读者展示了实践活动带给学生的影响。我们都知道，所有教育资源、教育要素、教育影响的最终落脚点都要体现在学生的发展方向上和内生发展动力上。第四部分内容以翔实的事例介绍了孩子们的点滴变化、快乐生活、健康成长的细节，让读到此处的人不自觉地怦然心动、感动满怀，为学校领导的准确定位教育、坚韧执着意志、浓厚教育情怀叫好，为学校教师的踏实辛勤工作、忘我无私奉献、全心助力学生成长点赞，会更加羡慕身在青龙街小学的学生所拥有的这一切资源，羡慕他们有一个自由生活、自主探索、快乐幸福的童年。

本书能够为从事中小学教育工作的各类人群提供新的视角，进一步激发大家对教育资源的拓展、教育内容的生活化、地域人文优势的开发等方面的思考，从而有更多的教育工作者能够在自己的岗位上不断创新，形成更多可满足学生成长发展需要的实践课程。本书可作为德育理论研究者、教育行政部门管理者、中小学校领导、中小学德育工作者、中小学各任课教师以及期望成为中小学教师的群体感受教育、体验教育的参考用书。

王福建

2019 年 8 月于济南

目录

第一章 课程缘起：乡情触动心灵

护城河畔

济南市护城河是国内唯一一条全部由泉水汇集而成的河，美丽纯净。河畔有一所美丽的百年老校——青龙街小学。

育人情怀

培育学生家国情怀，将地域文化转化为独特的教育资源，办学者用心、用情、用智慧追求教育的品质。

第二章 课程设计：行走探索课程

调查推进

调查研究是谋事之基、成事之道。从调研学生需求出发，细致分析研判，为课程建设明晰方向、奠定基础。

初探反思

纸上谈兵莫若躬行实践。探索尝试，暴露问题，理想与现实交汇，观念碰撞，且行且思。

行走教研

观念是行动的先导，行动是顾虑的突破。教师只有先学先研、先探先行，才能引领学生行走的方式，打开学生看世界的窗户。

第三章 课程实践：童趣点亮研学

儿童视角

站在"儿童视角"建构德育课程，让学生用眼睛看，用耳朵听，用双手做，用心灵感悟。儿童永远是课程的主体与目标。

学科融合

课程实施涉及多方面的知识技能，学科融合贯通，教师通力合作，学生享受着灵动多彩的学习生活。

协同育人

家、校、社会是学生成长道路上的三个重要因素。三者分工协作、联合共育，为学生健康成长撑起美丽的天空。

课程案例

每一个流程、每一个设计都蕴藏着教师的爱与智慧，如清泉涌动，荡漾着生机。

第四章 课程效果：缤纷诗意童年

发现进步

润物细无声，是教育的最高境界。课程营造了充满温情与智慧的生命场。师生的点滴进步都是课程的最大收获。

见证成长

给成长留下一份纪念，让生命奏出动听的声音。每一件作品都记录着一份情、一个梦。

社会效应

家长、老师对课程的认同和支持是课程价值的佐证。课程激活师生，推动学校社会声誉快速提升。

打造品牌

打造课程品牌，打造济南名片，打造济南娃充满诗情画意的美丽人生……

第一章 课程缘起：乡情触动心灵

教育需要有情怀的教师，教育培育有情怀的学生。从宏大的时代背景望去，教育的发展与时代的使命休戚相关。“培育具有家国情怀的一流人才”成为新时代教育的重要课题。家国情怀如何落脚在课程设计上？经过反复思索，我们认为，德育实践课程蕴藏着迷人的价值与美，可以成为践行家国情怀的有力载体。而与乡情文化、与当地生活融会贯通，是德育实践课程与教学倡导的改革方向之一，也是尊重教育规律，回归教育本原的重要举措。乡情课程无论对于学生家国情怀的培育、主体精神的激发、真实体验的丰富，还是对于学校积极履行社会文化功能均具有不可替代的时代价值。只有将故乡的情、故乡的景作为课程资源，让学生享受故乡的美，回味故乡的情，才是最具体、最生动的教育。

大明湖
四面荷花三面柳
一城山色半城湖
海右此亭古
济南名士多
历下亭
铁公祠
北门
北极阁
南门
百花洲
正谊广场
曲水亭
珍珠泉
省人大
大明湖路
泉城路
芙蓉街
旧军门巷
狮子口街
西更道街
泉城广场

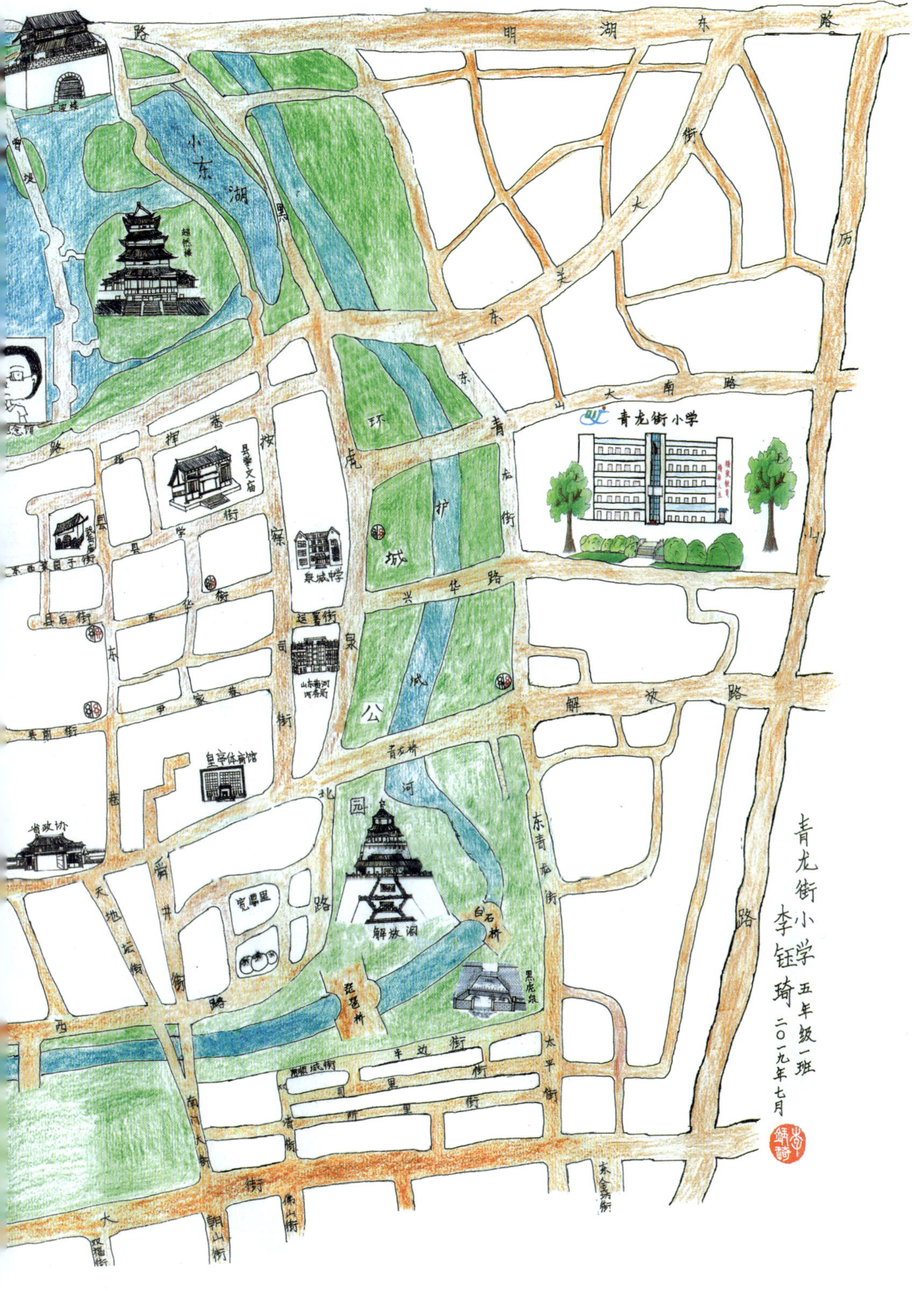
明湖东路
东关大街
历山路
大南路
小东湖
超然楼
青龙街小学
东环青龙街
护城河
兴华路
解放路
泉城中学
县学文庙
县学街
皇亭体育馆
青龙桥
解放阁
白石桥
黑虎泉
琵琶桥
宽厚里
省政协
东青龙街
太平街
舜井街
天地坛街
南门大街
朝山街
青龙街小学
李钰琦
五年级一班
二〇一九年七月

护城河畔

济南市护城河是国内唯一一条全部由泉水汇集而成的河，美丽纯净。河畔有一所美丽的百年老校——青龙街小学。

护城河的学校，学校的护城河

过去，济南有个青龙街小学，美啊！为什么？因为她拥有一段美丽的护城河。

古人云："智者乐水，仁者乐山。"不知什么时候，济南的一位智者在紧靠东护城河的河边开辟出一块地，与上面青龙街的一个废弃的庙宇合二为一，建了一所小学，名青龙街小学。小学分上下两部分，上面两个大殿改造为一、二年级教室，西边靠崖建了一排平房为办公室和六年级教室。下边，紧贴护城河辟出长约50米、宽约30米的操场。操场南北两端建了3座教室：南2座，为三、四年级教室；北1座，为五年级教室。这上下两部分由约20级的台阶贯联。挺小，是吧？她只有6个年级，一共6个班，约300名学生，都是平民子弟。但麻雀虽小，五脏俱全。

得天独厚啊！她拥有的这段护城河是最美的一段。对岸是著名的高大的济南明城墙，城下一片杨树林，又高又密，河边长了一溜旺茂的芦苇，常有鸭群出没。岸边种着六七棵高大的垂柳，万千树枝低垂，不住地亲吻河面。六七米宽的河中满是翠绿的挤挤擦擦的水草，清凌凌的河水冲得她们娉娉婷婷。于是这里充满了带有野趣的安详与宁静。

古人有六养之说："水声养耳，绿色养目，读书养心……"青龙街小学的少年学子得天独厚啊！

小学生们闲暇时都喜欢站在河边看和听，看水草的舞动，看冬天那升腾的水汽与对岸密林、芦苇勾勒出的仙境。那天，一位一年级的小姑娘站在河边看着看着，忽地跃身跳入河中，幸好我在旁边，一把把她拽了上来，我吼道："你干什么？"她说："我想和鱼儿玩。"

六年级时，我听老师读同学的作文："雾中，我站在河边听见鱼儿们窃窃私语，似乎是商量着是在原地欢跳还是游向远方。群鸭嘎嘎：'该回去下蛋了。'于是我走向柳树，在鲜红的柳根中找到了一枚鸭蛋。"我也常呆呆地望着五年级教室后面那一排伸进河面的木屋，也想过，夜晚睡在水上木屋的地板上能听见鱼虾们说话吗？

其实，我们什么都听不见，又什么都听见了！

冬天，下雪了，冰冷的雪花与温湿的护城河独有的水汽在空中交汇，一下子雪花没了，于是泉水和空中来客融为一体，充实了济南的水脉，肥沃了济南的大地。

极冷时，溅到岸上的河水立刻结成了冰花、冰块，尤其是岸边垂柳那鲜红的根茎结出来的形象就跟万花筒中的无穷的花样一样奇幻，但其洁净、真实却是无与伦比的。常有勇敢的少年掰下一块冰花送进嘴里，吸一口气后，咽到肚子里，打一个哆嗦，仍不忘赞一声："好甜呀！"

学校运动会在这个长约50米、宽约30米的水边操场上开赛了。有一次体育老师搞了个男女同学齐赛跑，从北跑到南来回跑十趟，结果怎么样？一位三年级的小姑娘获得了冠军，于是她便有了一个绰号：兔子腿。这个天才后来肯定更加出彩。我班一个男生不服气了，马上来了个倒立奔，以手为腿"蝎子爬"式奔了两个来回，又快又稳，这个天才我可知道，他上中学后成为全市田径赛200米冠军。然后说踢毽子比赛吧，一个六年级女生连续踢了800多下。再说开游艺会吧，几个六年级的小男生戴个面具在河边用课桌搭成的舞台上演了出《孙悟空西天取经》（小品吧），居然在台上转悠了十几分钟。1947年冬，全市举行小学生演讲比赛，我们三个参赛的同学表现优秀，但没得奖。为啥？普通话出毛病了，把“长官”念成了“脏官”，回校后却传为美谈。据传，带队老师还深感自豪呢！

我班不到30人，但我知道的，就出了6位大学教授。

靠水的小学，有绿的小学，自然是静谧的。在这神奇的静谧中，教师沉浸于教学，学生沉浸于思考。真的，陶冶是塑造人才的神奇力量。护城河陶冶了一座城，护城河的青龙街小学得天独厚。

下雨天，操场积水了，于是，站在操场上好像站在河里，护城河和青龙街小学紧紧地抱在一起了。这时大同学保护着小同学沿台阶走到上院。没有老师要求，干净的胸怀造成干净的行为。护城河的特质就是这种干净的根源。

毕业后的学生们无论处在何种环境都忘不了那一段有护城河的学校往事：那城墙，那小草，那垂柳，那水汽，那河中洗脸的温暖，那跳出水面的鲋鮹，那坐在柳根上的默读，那宝贵的野趣，那无边的想象和沉思。恰同学少年都留在记忆里。因此，我们看见护城河就亲，听见护城河就仿佛看见那水边小小的操场上活跃的同学们。

我常想，这所护城河的小学校给了我们什么呢？奔流不息的母亲河给了我们最宝贵的东西，那就是希望！

上善若水，不言而教。护城河造福万物，陶冶众心。青龙街小学有福，有个泉水护城河！

学校领导专程采访老校友叶世超先生

（老校友　叶世超）

育人情怀

培育学生家国情怀，将地域文化转化为独特的教育资源，办学者用心、用情、用智慧追求教育的品质。

“有心长作济南人”

我有一位远在英国的老朋友晴，离开济南已有十多年之久，突然打来电话告诉我，已经和儿子一起从英国回来了。于是我们迫不及待地第二天就见面了。

我们从百花洲的依依垂柳下，漫步到西侧的曲水亭街，曲巷瓦屋之间，听不见市井声，有恍然置身江南的错觉。想起与晴最后一次的曲水亭街之行，已是十五六年前了。我们寻一处临水的藤桌藤椅，点一杯清茶，随意品茗、聊天，午后的时光，缓缓地流淌，空气中飘溢着水润的气息。

在与晴及她儿子林欣交谈的过程中，得知他们此次归来缘于林欣要回国投资创办颐养康乐城。帅气的林欣提起自己的这一投资规划就兴奋不已：“阿姨，您知道吗？这次回来投资颐养康乐城，是我一直以来的梦想。久别家乡，在外求学工作十余年，感觉自己‘浮萍’一样总在漂泊，找不到归属感。这次回来要开拓的这个项目，就是为了把根留住，也让更多的人能颐养天年！”

“噢，是吗？是不是随着国家各种人才政策的出台，越来越多的人回国创业了，你也在赶潮流啊？”我故意开玩笑道。

“哪里是赶潮流啊？习总书记鼓励海外留学人员回国服务，我们也感觉到‘生逢其时’。我们有想法，有技术，有国家的支持，更重要的是有‘留学报国’的情怀啊！另外，阿姨，您知道吗？还有一件事深深触动了我，让我下决心一定回国！”

“什么事让你这么坚定？”我充满好奇地问。

“前段时间，我带女儿参加国际友人聚会，每个孩子拿着自己国家的国旗。女儿连五星红旗是什么样儿都不知道，这深深地触动了我，孩子已经完全西化了。我们跟她说中文，她回答的是英文，我们感觉很遗憾。我想是时候回国了，我要让她知道自己的根在哪里。”林欣不无感慨道。

“这次他回来看到国内到处都是欣欣向荣的景象，才明白‘发展中’的真实含义。”一直在旁聆听的晴说道，“他曾满怀报国热情，一直不知如何施展，现在终于找到了自己的用武之地，找到了把个人梦想融入中国梦的实现途径了。我也可以跟随儿子回国来安度晚年了，落叶归根，想想真是件让人幸福的事啊！”

是啊，时光可以让人成长。往事如烟，转瞬即逝，唯爱永存。心之所向，身之所在。照亮我们道路的永远是那份难舍的家国乡情。

我从未离开过脚下这片土地，正因为从未离开，也就从未像离开的人一样想过这片土地到底给予了我们什么。

——每天上班会途经的护城河，从未想过这河水绕城滋养了多少生机；

——每天傍晚后在大明湖里散步、慢跑的人，大概也从未想过这如许的湖孕育了怎样一方灵气；

——即使面对冬天仍汩汩流淌的清泉，我们或许都从未想过如果没有了这泉，这座城市该失去多少美……

不能等离开了才知其珍贵，但愿每个离开的人都不会忘其珍贵。想着想着，突然间特别期盼新一天的到来。从新的一天开始，我想我要做的第一件事就是好好去看看脚下的这片土地；从新的一天开始，我更想让我的老师们、我的学生们，去好好看看脚下这片土地……

（校长　韩爱民）

月圆中秋静夜思

今天，故乡在江南的同事带给我一盒来自她家乡的月饼，说是特别好吃，让我尝尝。白色的酥皮，糯糯的甜味，浅浅的青红丝，确实别有味道。同事期待我的评价，因为这是她故乡的味道。我连说好吃，但我心里想的是我们济南的大月饼，那是厚实的、饱满的、浓香的，我觉得更好吃，因为那是我家乡的味道。

也许是教育工作者的习惯，当与家人一起共聚中秋团圆饭后，我忍不住浮想联翩。

想我的学生们。不知道这个夜晚有多少孩子会记住这月饼的味道；有多少孩子会去欣赏月亮之下这静谧的泉城；又有多少孩子会出口成诗，在吟咏中体会千年不变的故乡情……

想我的学校。一批来自四川的教育同行来校参观，其中一项是学生小导游为来宾介绍我校“海右此‘城’古”主题文化墙。学生讲解得非常熟练，可我在一旁听着总觉得“泉”味不够，“城”意不足，忍不住在孩子讲完后又补充了一番。四川学校的老师随后跟我说：“韩校长，你一定是地地道道的济南人。”我还想是不是我的普通话不够标准。四川朋友又说：“从这面墙，从学生的介绍中我们可以看出你对家乡文化的重视；但是从你的话语中，从你的眼睛里，我们更能感受到你对家乡的热爱与自豪。这种爱，不是因为一种离乡的思念，而是一种从未离开的深情！”

今夜，此刻，再次想起这句“从未离开的深情”，不禁深想，是啊，我不曾离开过这座城，在我心里，爱一座城和爱一个人是一样的：会渐渐习惯成自然，更会包容所有好与不好。宽窄岁月处处关情，才会点滴成线，成片，成海。那么这种“乡情”让学生“知道”“了解”容易，可是如何才能动情，乃至饱含深情？

我又翻了翻桌上那本教育部印发的《完善中华优秀传统文化教育指导纲要》。作为一名老教育工作者，我当然知道家国情怀、社会关爱和人格修养教育的重要意义，但在新时代，如何创新教育方式，不仅让学生“入耳入脑”，更能“入心入情”，这才是更要思考的。触动心灵的教育才是最成功的教育。唯有扎根生活，才有底气去仰望星空。

我所在的这所学校，是老城中的老校。四周氤氲着古老的文化，触目可望，触手可及。今夜，仰望，月亮辉映整个夜空，我们的家国乡情能否像这月光一样铺满孩童的心灵？

这夜，很美！这夜，无眠……

（校长　韩爱民）

课程有情系乡城

韩爱民校长曾经在我们青龙街小学工作过，调离之后又调任回来。暖暖是我工作上的好搭档。

这一天，忙碌之后学校不经常使用的西门被我们三人打开——韩校长要带我们去“寻”城。门一开，我们一步就跨进了护城河畔，跨进了环城公园。

护城环校有条河

韩校长一边欣赏着环城河两岸的风景，一边娓娓道来：“这条环城河是国内唯一一条泉水河，河水曾经一度清澈见底，夏天清凉，冬天升腾着热气，宛如仙境。”

我们问校长为什么这么了解这条河，韩校长说：“80年代初我上中学时，这条环城河是条排污河，是条‘臭河’。当时我的父亲就在环城河清淤工作指挥部工作，解放军官兵年年帮助清淤，可河水很难再回到我小时候那般清澈！”

就在交谈之时，一个漂浮在清澈河面上的矿泉水瓶映入眼帘，在秋日的阳光下显得那么刺眼……正在惋惜之时，一位环卫工人撑着一条小船驶来，用一个长柄的网子把水瓶捞了上来，再看看小船的船尾处已经有不少捞上来的垃圾了。

“环城河环绕着、润泽着老济南。一条河承载着一座城市的历史，她和这个城市相伴而生。我们的学校就建在她的身旁，我们的学生就生活在她的身边。我们是不是应该为她做点什么呢？”韩校长的一番话让我们也颇有感慨。

“比如‘爱泉护河’志愿服务、‘讲河颂泉’义务讲解、‘探泉研河’实践探游，是不是都很有意义啊？我现在就有去实践活动的冲动了！”身为大队辅导员的暖暖激动地说。

大明湖里“读”桥“阅”亭

顺着护城河走不远，就步入了大明湖新景区。站在鹊华桥上，我们不约而同拿出手机拍照。我们发现纳入镜头的还有别的桥，桥旁有亭，亭外目之所及仍有桥。

“有水就有桥，大明湖上能有多少座桥？这些桥都叫什么名字？”

“这些桥有没有典故和传说？”

……

边说边走进大明湖老园区，路过“汇波楼”和“北

水门”，暖暖兴奋地喊着：“北极庙这长长的滑梯，我小时候就打过，现在的孩子们还在这里玩呢！”韩校长也笑了：“这条长滑梯应该承载了咱们‘三代人’儿时的快乐回忆吧！”

于是韩校长回忆她当年在大明湖划船，湖上的风刮乱头发；我回忆小时候在湖边冰一个西瓜吃，吃得不亦乐乎……大明湖，记载了一代代济南人的生活，谁家里还没有一张与大明湖的合影？这些关于大明湖的故事不就是很好的传承吗？

老“省图”典藏红色记忆

大明湖西南角坐落着“奎虚书藏”楼，楼外悬挂着“全国青少年爱国主义教育基地”的牌子。

“奎虚书藏”楼为原山东省立图书馆藏书楼，建于1935年左右。1945年8月15日，日本宣布无条件投降。同年12月27日，济南、青岛、德州地区受降仪式在“奎虚书藏”楼大阅览室举行，正义获得伸张，强寇低首，河山光复，群情振奋。此楼见证了国人扬眉吐气的庄严时刻。“奎虚书藏”楼作为山东战区侵华日军的签降地，是全国16个战区受降旧址中仅存的4个之一，是省级重点文物保护单位，也是全国爱国主义教育基地。

走出“奎虚书藏”楼，一条济南爱国教育“红色寻访”路线图呈现在了我们的脑海中，这么宝贵的爱国教育资源我们有责任充分挖掘利用。

寻一部济南味的课程

再走几步就是曲水亭街。坐在水边茶社，老板以为我们是外地人，热情地介绍："百花洲马上就要建好了，'兔爷''剪纸'的非遗体验项目也落户在这里。"我们用济南话跟老板回应，老板笑着连让我们喝茶。

韩校长说现在很多孩子已经不会说济南话了，但是济南味要了解，济南情要寄于心啊！

我们的这所老校本身就是城市发展的见证，本身就是一部校本课程；我们所处的这座老城更有数不尽的乡土资源，更是一部厚厚的地方课程；我们身边的长河、清泉、拂柳、亭台楼阁、桥榭街巷等，藏着多少道不完的悠悠岁月，那将是取之不尽、用之不竭的再生性课程；在这样一所学校伴河而长，在这样一座城市饮泉而甘，会有多少快乐、多少美好，这将是一部充满诗意、充满趣味的童年课程……

寻城——我们要追寻一部充满济南味的童趣课程！

（副校长　王科科）

第二章
课程设计：行走探索课程

如果把学校看作是一个“生命体”，那课程就好比“传递主要生命物质的血液循环系统”，是每一所学校运行的轴心，也是保证品质的基础，是育人的载体。有效的课程看似“教育无痕”，实则背后经过了教育者精心的选择和设计。教育应以生活为中心。好的德育实践课程要生活化，是对生活的一种精选。济南老城有着4500多年的历史文化积淀，有丰富的自然历史景观和人文资源，什么样的内容可以列入课程？在进行课程设计时，青龙街小学秉承“从生活中来，到生活中去”的原则。教育者首先拥抱这座城市，围绕老城，一遍遍进行“行走的教研”。通过问卷调查，明确孩子的兴趣和需求。从课程设计出发，校园的地理资源与课程资源完美衔接，立体互动；从学习者出发，孩子们的每一次研学实践，都在生动地塑造个体的知识结构、思维方式、家国情怀……

调查推进

调查研究是谋事之基、成事之道。从调研学生需求出发，细致分析研判，为课程建设明晰方向、奠定基础。

“家乡济南知多少”调查报告

“家乡济南知多少”学生调查报告

调查背景：

济南市青龙街小学借助依护城河而居的地理优势，为进一步培养学生的社会主义核心价值观，增进学生对家国的深厚感情，增强小主人翁意识及社会责任感，在学校德育实践活动课程开展之前，拟面向全校学生开展“家乡济南知多少”问卷调查活动。针对学生自身对济南的认识和了解，通过调查，真实反映学生对家乡的认知程度和热爱程度，从而为学校德育实践活动课程的开展提供有效的调查数据，为进一步设计课程内容、聚焦活动目的、开展有针对性的活动指引方向、奠定基础。

调查时间：2017年10月

调查对象：济南市青龙街小学二至六年级全体学生

调查形式：调查问卷

“家乡济南知多少”学生调查问卷

1. 济南的三大名胜分别是________。
2. 济南的市树是______，市花是______，市鸟是______。
3. 济南八景是指________。
4. 赞美济南的诗句有________。
5. 济南又被人们称为________，素有七十二名泉，请列举五处：________。
6. 趵突泉碑文上的“突”为什么会少一点？__________
7. 济南最深的泉是__________，最古老的亭是__________。
8. 济南的特色美食有__________，其中被称为舌尖上的“泉城二怪”的是________。
9. 济南名士多，请你列举几位济南的名人。________
10. 济南“二安”指的是________。
11. 请说出三处济南的红色历史景点。________
12. 你去过济南哪些景点？
13. 你了解济南哪些老城建筑？
14. 济南最吸引你的是什么？
15. 你曾为家乡做过哪些事？你的感受是什么？
16. 你是否希望学校多组织开展关于家乡济南的实践活动？你有什么建议？

调查问卷基本概况：

调查问卷总共有16道题目，1—11题为填空题，12—16题为开放题。题目内容由浅入深，分别从济南的名胜古迹、泉水、名人、美食、红色历史等方面展开调查。其中开放题目能够真实地反映出在德育实践活动开展之前，学生对济南的游览情况以及参与社会实践活动的情况，还能够通过调查结果分析了解学生参与乡情活动的兴趣程度。

面向学校二至六年级全体学生，学校共发放了调查问卷983份，回收了979份，具体调查结果统计如下：

“家乡济南知多少”学生问卷调查结果统计图
（第1—11题 填空题知晓率统计图）

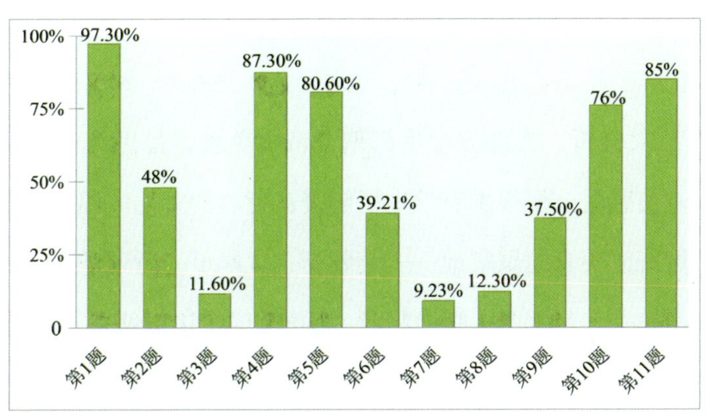

“家乡济南知多少”学生问卷调查结果统计表
（第12—16题 开放题结果统计表）

题目	结果统计
12. 你去过济南哪些景点？	学生去过的景点有：大明湖、宽厚里、黑虎泉、解放阁、芙蓉街、趵突泉、五龙潭、千佛山……
13. 你了解济南哪些老城建筑？	学生了解的济南老建筑有：宽厚里、芙蓉街、解放阁……
14. 济南最吸引你的是什么？	在学生们眼中，济南最吸引他们的有：美食、泉水、宽厚里、大明湖……
15. 你曾为家乡做过哪些事？你的感受是什么？	学生为家乡做过的事情有：寻访家乡变化；参与过节水保泉行动；参加过植树活动；过年期间，为禁放烟花爆竹做过宣传；打扫社区卫生；去敬老院关爱老人等。个别同学还参与过泉水讲解员以及为澳洲来济南的外国小朋友当过小导游。 学生们的体会主要有：要增强环境保护意识，保护泉水，热爱家乡，要珍惜现在的幸福生活等。
16. 你是否希望学校多组织开展关于家乡济南的实践活动？你有什么建议？	有 267 名学生非常希望学校能够多组织开展关于家乡济南的实践活动；有 405 名学生比较希望能够多开展这样的实践活动。学生们的建议有：开展本土研学活动；制作活动标志；做小导游、小解说员；做济南泉水的宣传者；参加节水保泉志愿服务活动；做宣传济南的小小代言人……

调查结果分析：

仔细分析以上数据，从学生对家乡济南的认知程度、热爱程度、参与活动情况等方面考虑，可以得出以下结论：

1.大多数学生更钟爱济南的美食，对济南美食的关注度相对较高。

据调查结果分析，大部分学生都偏爱济南美食，是因为他们喜欢美食给味蕾所带来的真实感受，但很少有学生了解美食背后的文化。调查结果还显示：学生们非常了解济南美食的聚集地——芙蓉街、宽厚里，所列举出来的济南美食，更多偏向于串串香、臭豆腐、鸭血粉丝、生煎包等网红小吃，而不是真正出产于济南本土的特色美食。如舌尖上的济南“二怪”这样的题目，知晓率极低。济南美食到底有哪些？显然被这些网红小吃所淹没。

2.对济南的老街老巷了解不多，尤其是对老街巷背后的故事知之甚少。

济南老城区内拥有很多老街老巷，而且这些老街老巷的背后都有很多典故，如街巷名称的由来、街巷中走出来的名人、老街巷的故事等。这些都是学生们所不了解的。他们在游览老街巷时并不关注街巷的名称和背后的故事，他们只是走马观花，对济南老街巷的认知只是停留在表面，没有做过深入的探究学习。

3. 学生对济南的了解只是出于表面感受，他们所获得的信息大多数是来自课本或者学校附近景区，缺乏对济南本土文化、历史等内涵的了解。

问卷调查的结果清晰地反映了学生们对济南的认知程度非常浅薄，大多数是来源于他们的感性认识。如题目中提问“了解济南哪些老城建筑”，有些学生写到了宽厚里，但宽厚里其实是“古城新建”的产物，它是济南的一处景点，里面的建筑绝大多数是新建的，只有极少部分的建筑被保留，因此这种答案极大地反映了学生对济南的了解太少。

4.反映了学生需要深入了解家乡济南的需求。

分析问卷调查的结果，可以看出学生对参与德育实践活动的热情是有的，他们有更深入了解家乡济南的需求，对于参与活动有着一定的积极性和热忱。

“乡情”德育实践活动教师调查报告

为了解学校教师对济南的认知程度，了解教师在德育实践活动中的指导能力，了解学校的德育工作现状，以便于更好地推进学校的德育工作，学校开展了此次关于“乡情”的德育实践活动问卷调查。

调查问卷共下发58份，回收56份，为学校后续工作提供了宝贵资料。

“乡情”德育实践活动教师调查问卷

1. 您的出生地在______。
2. 您在济南生活了几年？______
3. 济南八景是指______。
4. 请列举您所了解的五位济南历史名人。______
5. 请用两三句话说一说对济南的评价。
6. 您认为济南的哪些资源可以作为德育教育的资源？______
①解放阁等红色教育基地　②趵突泉、黑虎泉等泉群景区　③大明湖等名胜
④芙蓉街等济南老街老巷　⑤其他
7. 您组织过哪些实践活动？______
8. 您对学校德育实践活动开展情况感觉______。
①很丰富　②一般　③比较贫乏
9. 您认为学生会喜欢怎样的德育实践活动？
①参与动手类　②竞技比赛类　③趣味性的社会实践　④其他
10. 在学校开展过的活动中，您认为效果好的有哪些？
①科技节　②艺术节　③体育节　④寻访活动　⑤读书节　⑥达人节

具体调查结果统计如下：

"乡情"德育实践活动教师问卷调查结果统计表

题目	结果统计
1. 您的出生地在____。	56 名教师中，有 27 名教师出生在济南。
2. 您在济南生活了几年?	在济南生活了 10 年以内的有 7 人，10—30 年的有 28 人，30—40 年的有 12 人，40 年以上的有 9 人。
3. 济南八景是指____。	有 8 人完全知道，有 13 人知道一半以上，有 24 人知道两三处，有 7 人只知道一处，有 4 人完全不知道。
4. 请列举您所了解的五位济南历史名人。	有 27 位教师能够列举出济南的历史名人，有 18 位教师列举不全，有 11 位教师列举有误。
5. 请用两三句话说一说对济南的评价。	教师们对济南的评价有：济南有灵气，济南人非常热情厚道；济南一点也不排外，非常包容外地人；喜欢济南的城市声音，比如英雄山上喊山的人声、烧烤和烤地瓜的叫卖声，还有济南的风声，因为它立体、不霸道、每个季节都有自己的特点……
6. 您认为济南的哪些资源可以作为德育教育的资源?	除选项中所选地以外，老师们还提供了如奎虚书藏、百花洲民俗工作坊、泉水书房、山东省党史纪念馆等地。
7. 您组织过哪些实践活动?	教师组织的实践活动丰富多彩，多以红领巾寻访、参观展览馆、社会志愿服务等为主。
8. 您对学校德育实践活动开展情况的感觉____。	55 人选择很丰富，1 人选择一般。因此在日常教育中，要把德育放在工作的首要位置，在扎实做好常规德育工作的同时，结合文化内涵及自身定位，进一步开展丰富的活动，拓展出特色各异的德育发展道路。
9. 您认为学生会喜欢怎样的德育实践活动?	这一选项中参与动手类、竞技比赛类、趣味性社会实践是大家的普遍选择。的确，生动有趣的动手操作参与实践活动能够吸引学生更大的兴趣与参与热情。这种实践活动，可以激发学生课堂外的学习兴趣，提高学生的素养，培养学生的创新精神和实践能力，反馈并增强学校德育工作的实效性。
10. 在学校开展过的活动中您认为效果好的有哪些?	科技节、艺术节、体育节、寻访活动、读书节、达人节，这些活动老师们一致认为是效果较好的活动，极大地调动了学生的兴趣。

调查结果分析：

1.教师对济南的认知和感受，来自土生土长的浓浓乡情。

在56位教师的调查问卷中，我们了解到大多数教师无论是否出生在济南，都在济南生活了30年左右，正所谓“羡煞济南山水好”“有心长作济南人”。无论在这里学习、生活还是工作，教师们都对济南产生了浓浓的乡情。在调查中，我们也能够看出，教师们对济南的认知相对较多，这也充分说明教师们比较关心和热爱济南这片热土。

2.对中小学生的道德教育，凭借课堂道德说教，效果相对较差，其养成效果远远不如在实践活动中效果更好。

说教往往容易造成学生的逆反心理，而活动中团结协作、一起动手，才会收到更好的教育效果。以活动实践基地为主要依托形式的中小学生实践教育，时间虽然不长，但教育效果却事半功倍。难怪有的学生在日记中发出这样的心声：“这种体验不曾有过，这种日子从未度过，这种感情从未忘过，这段时间没有白过！”

3.学校教育是孩子德育教育的重要途径。

在学校教育的过程中，真正的实践活动还要加强。对于许多的文明习惯，学生只是一味地记背条文，而没有从自身做起。学校要注重对学生实践能力的培养。教育不仅是传授知识，更重要的是将知识升华为一种关怀，它比知识更重要。只有这样，才能有效地促进人的和谐发展，才能真正提升教育自身的素质。具有关怀品质的教师，他们关注的目光不是指向学生的学习成绩，而是指向学生是否具有良好的态度和积极向上的自我观念，除了坚持努力学习，还要积极参与学校的活动。这样，教师对学生的友善态度，对个人的关心以及人际间合作的教育风格，对学生的智力行为会产生积极肯定的影响。

4.学校要组织学生走进社会，使学生了解现实，感悟人生，提高社会实践的能力。

人是社会的主体，社会现实能直接影响个体心理或意识的形成和发展。

有适宜的环境，他们会力争达到某些积极的社会目标。学生对社会缺乏真实的了解和本质的认识。社会和学校有责任通过组织一些“修身立人”的实践活动，让学生深入社会生活。例如，以志愿者、社会义工的身份到孤老病残家中送爱心，帮助他们解决一些生活上的问题；在家帮父母做家务，改掉自身的不良习惯，从中体会劳动的艰辛和伟大等。这些实践活动增强了学生的爱国、爱人民的意识，使他们懂得珍惜劳动成果，培养了他们的创新意识和实践能力，增强了他们的社会责任感，使他们体会到了成长的感觉。

调查报告引发的课程思考

根据学生们对家乡济南认知程度的了解，以及教师对济南的热爱、对德育工作的重视，学校认为开展德育实践活动课程是非常有必要的。对学生爱国、爱家乡的培养尤为重要，要为学生树立正确的人生观、世界观、价值观，引导学生了解家乡、热爱家乡、感受家乡的发展变化，从而将这种对家乡的热爱之情转化为对党、对祖国的热爱之情，为“培养担当民族复兴伟大重任的时代新人”做出应有贡献。从立德树人方面出发，通过带领学生开展德育实践活动，可以培养学生的主人翁意识和良好的社会责任感，培养有担当、有作为、有自信、有创新的社会人才，借助活动引领学生德智体美劳全面发展。结合问卷调查，为开展好德育实践活动课程，给出以下几点建议：

1.增强学生对济南文化的关注与探究。

在接下来的德育实践活动课程开展中，要注重学生对济南文化的探究，引导学生多关注济南文化，了解济南的历史、人文等，由外到内、由浅入深地引导学生深入了解济南，增强对济南的热爱之情。

2.站在学生的视角设计、开展活动，突出趣味，重在行动。

通过调查问卷分析，我们可以感受到学生的视角和成人的视角是不同的，学生所关注的问题与成人所关注的问题也大不相同。比如，最吸引学生的是芙蓉街、宽厚里等汇集美食的地方或带有江南韵味的泉水美景，然而对济南的历史、济南的名人，他们其实并不感兴趣。大人可能愿意在游玩过程中挖掘历史、典故等更深入的东西，学生会更加关注自己能够触碰得到的感官体验，有意义、有意思的活动会更加吸引学生去主动探究。所以，在开展活动时，更应该站在学生的视角去设计、思考，注重一个“趣”字，让学生们在“趣味”活动中更加了解济南；还要注重活动当中的体验，让学生们在体验中增强感官认知，从而增强活动的开展效果。

3.建议活动开展从多角度入手，运用多种形式引导学生探究家乡济南。

通过问卷调查分析，我们了解到学生们对济南泉水的认知比较多，但对于济南老街老巷、现代发展变化、名人典故、民俗民风等方面的了解十分少。因此，今后的活动开展建议旨在引导学生从儿童的视角深入“触摸”老城的历史古迹、人文景观、民风民俗，实地访一访，用心看一看，动手做一做，发现老城故事，品尝家乡味道，感受历史变迁等，让学生在活动中收获成长，生发真实情感，努力培养学生的德育实践能力，提升德育素养。

生活即教育，教育即生活。从问卷中我们知道了学生对家乡济南的了解，认识到了我们要从孩子的视角出发设计活动，并知道了我们下一步可以从哪些方面入手，让学生进一步走进济南。有了这一调查问卷作基础，我们在接下来的“童趣泉城”德育实践活动开展中，就更加有方向、有目标，也希望在今后的活动中能够探索出更好的活动形式和活动方法，让学生在活动中玩有所学、学有所获，收获成长与快乐，让浓浓乡情在你我之间温暖相传。

（大队辅导员　李　暖）

一份特殊的决议

2017年10月16日，学校召开校务工作会议，学校中层以上干部参加会议，各学科教研组长列席会议。

会议议题为：“童趣泉城”德育实践活动课程建设的必要性及可行性。

会议议程如下：

一、大队辅导员作报告《“家乡济南知多少”学生问卷调查分析》。该报告的结论是：学生对家乡济南有一定认知，有进一步探究的兴趣。

二、教科室主任作报告《“乡情”德育实践活动教师问卷调查分析》。该报告的结论是：我校教师大多生长于济南，对济南熟悉、热爱；教师对德育工作的重要性有一定认识，有较丰富的德育工作经验，但教育观念不够先进，教育方法比较传统，无德育课程开发经验；大部分教师认为对学生进行乡情教育是必要的。

三、校长作报告《德育实践性活动课程建设意义及设想》。该报告的主要内容为：立德树人是教育的根本任务，学校要有具体举措达成育人目标。国家鼓励“学校在执行国家和地方课程的同时，视当地社会经济发展的具体情况，结合本校的传统和优势、学生的兴趣和需要开发和选用适合本校的课程”。拥有4500多年历史的济南老城是百年“青小”得天独厚的地域资源，也是师生最鲜活的课堂。爱国从爱家乡开始，在进行育德的同时提升学生的综合素养。

四、讨论发言。

五、会议决议：

1.全面启动“童趣泉城”课程研发工程。学校成立课程和课题领导小组，做好课程的设计规划和指导。

2.“童趣泉城”课程研发与实施的主体是全体教师。班主任是课程实施的第一责任人，各学科、各岗位教师都要积极参与，并探索与本学科教学的有机融合。

3.“童趣泉城”课程实施采取集中活动与分散活动相结合的方式。每月一个半天，集中使用校本课程课时。各班可以利用业余时间，开展实践活动。

4.学校对教师组织开展“童趣泉城”课程的情况进行评价，记入工作量，作为奖惩依据。

5.学校将投入一定资金，保障课程开发。积极协调各方面资源，为课程的顺利实施提供支持。

现在看这份决议，不够成熟、完善。但是决议彰显了学校推动课程建设的决心，凝聚教师并指导大家共同行动，吹响青龙街小学课程建设的冲锋号。

（校长　韩爱民）

初探反思

纸上谈兵莫若躬行实践。探索尝试，暴露问题，理想与现实交汇，观念碰撞，且行且思。

“童趣泉城”初体验

思考、讨论、研究、决议……经过几番讨论，“童趣泉城”德育实践课程进入实施阶段。作为分管德育的副校长，我全程参与研究设计，心中自然是欢喜的。从事德育工作这么多年，第一次构建德育课程，而且是乡情教育课程，兴奋中有干劲。我——喝着泉水长大，顶着荷叶避暑，清泉石上泡脚丫的土生土长的济南娃，深深热爱着这片土地……我要让我的学生和我一样真正感受到家乡的魅力，成长为一个有家国情怀的人。

“实践出真知。”在课程构建初期，我进出校长室时，总是不忘问一句：“校长，咱什么时候组织学生来一次‘童趣泉城’德育实践活动课程呢？”因为，我在我们的课程中看到了“游山赏水”，看到了“街巷寻踪”，看到了“说唱泉城”，还看到了“护河使者”……这些实践性极强的课程内容，让我怎能不心动？“心动”不如“行动”，我找到两个年级的班主任开始策划“童趣泉城”德育实践课程的初体验。

会议室里议课程

“心动”不如“行动”，学校决定先安排两个年级试水研学。这天，我把三、五年级的班主任召集到会议室，开始策划具体方案。两个年级的八位班主任全部到齐后，我布置了这次会议要讨论的三个问题：“去哪里？”“探究什么？”“实践后呈现怎样的成果？”

一位“老济南”班主任说：“‘童趣泉城’就是带着学生在济南玩一玩，逛一逛呗。我对济南都已经熟门熟路了，不用规划路线，闭着眼我也知道带他们去哪里。先到王府池子周边的老街巷里走一走。”有班主任接着说：“学生们听说要开始‘童趣泉城’实践课的体验了，高兴得不行。你放心，没有不愿意玩的‘熊孩子’。”这时一位家不在济南的班主任有点犯愁了：“我们班去哪里呢？”“老济南”班主任又支招儿了：“又好吃又好玩，就去宽厚里啊，听我的准没错。”……几位班主任你一言我一语地讨论着，好像对于课程的实施充满了信心。听着大家的发言，我的心里也是很期待的，脑海中想象着学生们在济南府的大街小巷里探究、寻访、拍照、记录的情景，学生们围坐泉水池旁吟诗、讲解的画面。

讨论后我们大体确定了几条路线：

“街巷故居”：学校→明府城→百花洲→曲水亭→王府池子

"泉城的桥"：学校→东门→明湖新景区→大明湖

"泉水导游"：学校→护城河→青龙桥→解放阁→黑虎泉

"城市之光"：学校→宽厚里→芙蓉街→泉城广场

会议近尾声，韩校长又叮嘱了几句："首先我们要明确课程目标，不单纯是带着学生玩，这是一种社会实践，是孩子们的一段成长历程，要注重学生在课程中的体验，多考虑让学生玩中有学，学有所获。"班主任们点头示意，我仿佛感受到他们心中已经规划出了学生探城的"地图"……

济南府里初体验

在一个风和日丽、秋高气爽的日子里，"街巷故居""泉城的桥""泉水导游""城市之光"四路研学队伍同时出发。我作为总指挥，骑上"哈啰"单车，在几个路线之间穿梭着，在几支队伍后面轮流跟随着。

骑车到青龙街路口，看到一队整齐的队伍正在老师和家长志愿者的护导下过马路，我也下车推着车子和学生们一起过了路口，心中美滋滋地想："我们的学生文明素养还是很高的。"

我继续向前骑行至明府城，看到一群学生聚在一个院门口，都探头探脑地向里张望着。我推着车子走进巷子里看究竟，原来这是一个私人小院，里面有一眼泉水，但是居民不让进入。我只好对带队班主任说："今天先不要进去了，探究故居里的泉水，尽量不要打扰住家的生活，如果事先征得允许就好了。”师生很遗憾，悻悻离开。

我又骑上单车，经过明湖路来到百花洲。刚把单车停在路边，就听到几声急促的哨声：“不能靠近池边！你们的老师呢？”我连忙疾走两步到了学生们的身旁。“看好学生啊！掉下去淹不死也呛一口。带这么多学生来玩，多不安全啊！”巡逻的保安嘟囔着。“我们一定注意。”带队老师解释道。我的心突然提到了嗓子眼儿，带学生外出，安全可是最重要的啊！我一边忙着给带队老师强调抓好学生纪律，确保安全，一边在微信群里提醒各小队都要做好安全管理。

单车飞快，眼前一支队伍不正是五年级二班吗？班主任见到我，一脸着急地问：“到王府池子怎么走？百度地图也不清楚呢？”这位“老济南”班主任竟然找不到王府池子。看来还是“纸上得来终觉浅”啊！

骑车来到解放阁。“这些小学生讲解得真不错，像是专业的小导游呢！”黑虎泉边、解放阁上我们的小小志愿讲解员、导游员得到了游客的称赞，我的心中有了几许欣慰。

“叮叮！”我掏出手机，是韩校长发来的短消息：“学生们活动的情况怎么样？”回复了“还好”两个字后，我想校长的心里一定也是“忐忑”的吧？

“童趣泉城”初体验，留给了我很多的思考，也发现了课程生长还有很多需要解决的问题。

（副校长　王科科）

激烈的圆桌会议

第一次“童趣泉城”研学结束了，留给教师及学生、家长的影响在持续发酵，那么教师、学生会有哪些思考、收获？在一个秋高气爽的日子，下午两节课后，学校召集研学跟队教师及全体班主任，进行研学归来座谈交流会。校长希望老师们畅所欲言，谈收获，提建议，共商议，以便为下一次研学提供研究思路，学校会对课程有更深入的建设、更全面的架构。而我，作为本次会议的记录者，也参与其中。

初次体验，兴奋不已

校长话音落后，室内先是一片寂静，老师们大部分呈低头思考状，也许在思考刚刚提出来的问题吧。片刻后，五年级的班主任A老师首先打破沉默：“我先来谈谈吧。我觉得这次研学活动学生感触深刻。我班的探究主题是‘城市之光’，我发现学生们很感兴趣。他们在泉城广场调查客流量及采访游客，并向游人赠送了自己制作的体现泉城特色的纪念品，向游人推介济南，介绍家乡特色，主动展示自己，这对他们来说是一次新鲜的体验、尝试！有这样的一次经历，孩子们很开心，收获挺大的。”

“是的，我也有同感。我们班这次是探寻芙蓉街的‘前世今生’。走进芙蓉街，学生们一边听讲解员阿姨介绍，一边手拿任务单做记录。他们说这是第一次发现，原来芙蓉街上的老街老巷、历史文化有这么多，比跟随父母来时收获可大多了！”

“我们这次是寻找大明湖54座桥背后的历史。学生们说从未注意过大明湖竟然有这么多桥，也没留意过每座桥竟然都不一样，更不知道每座桥背后还有这么多故事，太让人惊奇了！”

初次体验，老师们也在兴奋地谈论着，收获着……

异样声音，初见端倪

“校长，我有点不同的看法可以说吗？”“当然啦，今天我们就是让大家畅所欲言，发表各自的观点，尽管说！”校长鼓励的眼神望向每一位与会人员。我想校长可能就是希望听到最真实的声音吧，越真实越有价值，越尖锐越值得深思。

“说实话，我班在这次研学中，有家长表示支持，认为它能锻炼学生的能力；但是也有很多家长感觉太占用孩子的学习时间了，研学半天，之前要做各种调查，回来要写报告，孩子还要完成作业，高年级的学生学习时间耽误不起啊！作为班主任，我们一方面要完成研学任务，另一方面还要去做家长的工作，让家长理解就已经不容易了，还要得到他们的支持就更难了！”说这话的是一名教五年级的班主任C老师，她一向说话很耿直。

“我倒是感觉这次研学带给我和学生及家长很多惊喜，不少是之前没有想到的收获。我们去解放阁研学，原来以为天天路过的地方能有多少新鲜感啊，但没想到在部分家长的帮助下，孩子们在那里用了将近一个小时拍了五星红旗的照片，还将事先准备的献给烈士的诗歌进行现场演绎。大家一起注视和平鸽时的合影，真是出乎意料地感人，让我也很难忘！”六年级的D老师对此次研学发出不同的感慨。这次六年级学生拍摄的五星红旗照片的确是很震撼人的。

听完D老师的一席话，旁边的F老师接着说道：“听了刚才几位老师的发言，不同的主题活动给学生和家长的感受不同。我就想说说我班现在反映上来的情况。现在各学校搞研学的不少，家长们也听说了很多。他们认为别的学校已经搞过关于泉水的研究了，为什么咱们还要搞？我们应该有自己的研究特色。况且孩子们好多都是在这附近长大的，这么熟悉的地方还有什么看点？太浪费时间了！”

支持？反对？意见分歧

听完F老师这番话，会议室里顿时鸦雀无声，没想到老师和家长们会有这样的反应。我偷偷看校长的神情，只见她紧蹙着眉，想要表达些什么，但只是平淡地说了一句：“其他老师还有什么想法？”也许她还要看看大家有什么反应，还会有什么样的声音。

这时，一年前才调到这所学校来的J老师发言了：“我觉得即使是外校已经研究过了的，为什么我们不能再进行研究？对于我们的学生来说，这是一项崭新的研究调查，因为他们没有经历过，那么对于他们就是新鲜的活动。再说了，同样的研究主题，但我们研究的方向和目的可能是不同的，这样得到的结论也是不同的，孩子们的体验就是不一样的！”J老师虽然年轻，来的时间也不长，但是她融入新集体很快，并且对事情总有自己独特的理解与思考。

“唉，可是不知大家有没有考虑过这样一个问题，做这件事情真的要占用很多时间。我们平时还要备课、上课、批作业，最近忙得都没有时间辅导学生了。这样下去的话，学生的成绩肯定要受影响的！”四年级的H老师是有丰富教学经验的老班主任了，他对学生的成绩很看重。

“唉，说到成绩这个问题，其实也是我最近在担心的。这次研学回来，有很多学生的心还没回来，浮躁情绪依然在。他们哪里是去研学，明明当成了游玩，回来要写的报告根本就是在应付，更别提认真写作业了，所以成绩肯定会下降的。很多家长也这样跟我反映，不知学校在瞎折腾什么，有些学生在课堂上的知识还听不懂呢，在外面学习更没心思了。家长希望学校把精力放在学生们的学习上，这才是正事！”

循规蹈矩，继续守望

没想到，想要听一听研学的收获、研学的心得，却听到了这么多反对的声音，我想这可能是校长也始料未及的吧。校长神情严肃地环视着会议室，这时的她看上去更像一位旁观者，没有任何评论，不解释，不作答。对面墙上钟表的指针早已走过“6”，下班的时间已经过去了一个多小时，会是要继续开下去，还是就此打住？这时一位老师的发言打断了我飘飞的思绪。

“校长，刚才很多老师的话其实道出了我们班主任的心声，把主要精力放在课堂教学中不好吗？折腾这么多研学活动不是给自己找麻烦吗？您也是50岁开外的人了，没几年也要退休了，何不安安静静地进行常规的工作，安安稳稳地就这样下去？让大家完成基本的教学任务不就行了吗？折腾这么多事儿您不累啊？”班主任中年龄最大的I老师，一向不多言不多语，没想到今天说出这样的一番话，让我大吃一惊。

“校长，我也想说几句。”说这话的是分管德育的副校长，“此次研学活动我全程参与，一路跟随到了各班研学点，发现的确有些学生玩心重，不知道学什么。走马观花的比较多，回来后跟同学交流收获到了什么也说不清楚，任务单完成质量不高，更别提让学生们完成的研学作品了。另外，路上的安全问题也让我一直提心吊胆。说实话，老师们跟着也很辛苦，占用了很多时间与精力。校长，您说这个课程咱们还有进行下去的必要吗？”副校长的话让我感觉到了她的迟疑，没想到她也想打退堂鼓了。

众人议论声依然不绝于耳，原本设想的一次谈收获的会议，竟然变成了一场“吐槽大会”，此刻在校长的脸上我却没有看出异样……

（教科室主任　徐　磊）

这夜，无眠

夜已深，自己却毫无睡意。打开日记本，眼泪簌簌落下，下午课程总结会上老师们的“牢骚”“质疑”一下子涌上心头，委屈与无力感让外表强硬的我难以控制自己的情绪。

入校两个多月了，我努力适应新环境，走近干部，深入教师，了解校情，也听到各种消息：130年的老校，曾经的一流学校，队伍老化，骨干外流，老弱病者不少，生源太差，外来务工子弟多，教师涣散……有人说：“能维持正常工作就不错了，还是少折腾事吧。”

要当个维持会长？这不该是校长所为，也不符合我敢打敢拼、勇争一流的性格，更愧对一个有责任感的教育者的良知。所以，我在稳妥推进正常工作的同时，寻觅着学校发展之路。

老校只有劣势吗？当然不是！130年厚重的历史积淀是一笔宝贵的财富；学校地处护城河边，与老城的变迁息息相关；老教师大多从学校最辉煌的时期走来，有经验、有精神……

当抱着欣赏的心态去发现、去分析，

燃起的是希望、是期待。近一个时期，我和班子做出了发挥学校地域优势、开发实施研学老城课程的决定。慎重起见，先派两个年级进行尝试。没想到，下午的总结会成为了“吐槽会”，“不要再折腾”“影响考试成绩”“课程无价值”“难以去操作”等，言辞之激烈，想法之极端，态度之消极，全然不顾我的感受。不知当时我的脸色咋样，但内心的尴尬，甚至气愤是被我强压下去的。

眼泪确实能缓释人的情绪。当我平复心情之后，冷静想一想：老师们为什么抗拒这件事？“牢骚”折射出什么？新时代当有新观念，但是教师在一定程度上还执着于考试成绩，育人的意识不够；学校教育教学改革欠深入，大家喜静而恶动，恪守成规，满足现状，面对创新怕麻烦、有恐慌。从另一个方面看，学校领导的思想宣传不够，课程的理念价值还没有被广大教师真正认同；学校在组织第一次课程研学时，对问题预判不足，应对不够。老师们备课不充分，缺少组织开放学习的经验，因而感觉教学失控、“压力山大”。从正面解读老师们的牢骚：大家希望研学要有安全保障、课程要有实施策略、课程要让学生真有收获。这不正是我们所要解决的问题吗？“童趣泉城”课程的价值无须质疑。

“理念不是一尊不动的石像，而是生命洋溢的，犹如一道洪流，离开它的源头愈远，它就膨胀得越大。”我想当下最重要的是，加强全校干部教师对新理念的学习，从思想上形成共识，从行动上提高可操作性。只要我们愿意，并付出努力去学习、去探索，跟上时代的步伐，改变和创新是指日可待的！

只有改变教师的行走方式，才能成就学生鲜活的生存状态！借助德育实践课程撬动并盘活课堂，让师生共同成长，让学校迸发生机，这是我寻求办学突破的重要一招！脚步达不到的地方，眼光可以达到；眼光达不到的地方，思想可以达到。搁置各种质疑，开始行动。

召开全体教师会，成立课程团队！

骨干先行，以点带面，学习理论，武装头脑！

聘请专家进校讲座，方法指导跟进实践！

寻找社会资源，寻求各方力量支持！

再派教师实地调研，找准课程生长点……

当我起身时，东方已微明。虽整夜未眠，我却感觉轻松了不少。充满希望的一天开始了。

（校长 韩爱民）

行走教研

观念是行动的先导，行动是顾虑的突破。教师只有先学先研、先探先行，才能引领学生行走的方式，打开学生看世界的窗户。

你若盛开，清风自来

夜幕悄然落下，月光朦胧，星光迷离，灯光灿烂，交相辉映，流银泻辉。B老师记不清这是第几次伴着月色走出校园了，只记得自己刚刚一直在投入地看着《走读济南》。

自从上次实践活动归来经历一次圆桌会议之后，学校领导下定决心要转变教师教育观念，锁住了学生的课堂也必然将教师锁住。矮小的侏儒似的课堂，长不大的是学生，长不大的更是教师。学校要把德育课程作为提升学校发展的突破口，作为内涵发展的重要抓手，同时学校也深刻认识到做好课程建设，发展之路必将经历：理论先行，建设核心力量，形成点的突破，由点及面，形成整体转型，实现学校发展的内趋力。

对于学校很多教师来说，做充满乡情的德育实践活动课程是一个比较陌生的话题。课程建设的学习也不同于学科教学中的常规学习，所能够运用的课程建设学习机会有些是正式的，有些也是非正式的。学校一方面为教师提供良好的学习机会，创设学习环境，另一方面鼓励教师自己抓住学习机会，主动参与学习。

骨干教师“带头闯”

课程建设需要一批敢于“第一个吃螃蟹的人”，他们是研究、引领学校课程建设的中坚力量。学校提出首先要建立一支课程研发团队。为调动参与人员的积极性，参与课程研发人员的表现在教师评价中会有所体现，在评优评先时同等条件下也会优先考虑。在学校的号召下，一批教研组长、年级骨干教师率先加入进来。课程决定了教师的学习内容，教师们不但要学习课程理论，还要学习家乡知识，了解家乡文化，学习课程编制方法。开始入手时，更是要领悟到课程所蕴含的教育之道。是真心学习，还是假意参与？当老师们真正加入这个团队之后，就要成为课程的主人。于是，无数个夜晚、周末假期，课程研发团队教师都会聚集在一起，学习《中国校本课程开发案例丛书》《陶行知文集》《校本课

程论》《重新认识德育课程》《学校乡土课程建设指导手册》，研读《山东省中小学德育课程一体化实施指导纲要》《国家中长期教育改革和发展规划纲要（2010—2020年）》等，共同学习后，开研讨会，说感受，撰写课程设计稿，一遍遍编写、讨论、争论、修正……办公室里、护城河边、大明湖畔都成了老师们课程研发的教研室。

累并快乐着

随着对课程研究的深入，教师们在不知不觉中也逐渐意识到课程的改革势在必行，要打破常规，突破思路，适应新时代学生的需求。这份力量，也来自他们对学生的热爱。学生对于“童趣泉城”课程的乐意参与和期盼，也唤起了教师对课程内在的涌动与渴望。

E老师便是其中的一位。别看她已年过半百，但是她对工作依然充满热情，对学生蕴满真情。作为一名资深班主任，她教学经验丰富，班级管理能力更是一流。在学校提出建立课程研发团队时，E老师率先报名，加入团队，学习理论知识，研读校本课程开发指南。每天晚上七八点钟校园内还能见到她忙碌的身影。用E老师自己的话说，平日里忙工作、忙家务，感觉每天的生活已被塞得满满的，无暇充电，很少读书，日子在周而复始中逝去，偶尔感觉到一丝无奈，但是又无从改变……“童趣泉城”课题的到来，本土课程开发的召唤，让她又一次找到想要成长的感觉。对于老教师来说，他们也有强烈的专业发展诉求，不愿意被新课改抛弃。“千万别以为成长是年轻人的事，我们一辈子都在成长”，是他们的真实心声。

成长是一种力量，是一种向上的力量、生命的力量！在这里，她与课题专家互动，与同仁切磋，被一股无形的力量牵引着。于是她又捧起了书本，在书海中漫游，在新理念中吮吸，在新课程中汲取，往日奔波的劳累被忙碌的充实取代，于是，日子渐渐有了色彩。每天的生活依旧被填充得满满的，但是一些改变悄然来临……她累并快乐着，心在纷繁中出逃，每天充满新问题、新挑战，走出单调的教书匠生活，如同春天的到来，“欣欣然睁开了眼，到处都是生机勃发的样子”！

“跨年龄”的学习共同体

构建学习共同体的目的，说到底是为了打破传统的、封闭的、单兵作战的教师发展模式，为教师成长提供丰富的、可靠的路径与场域，真正发挥教师自我快速发展的作用。学校年龄偏大的教师多，构建这样一个“跨年龄”的学习共同体，使大家相互学习，探索知识的新天地。老济南教师讲述家乡故事，年轻教师分享外出考察感受，共同寻找研究资源，相互沟通交流，随时探讨新的想法，与观点不同的人分享自己的思考，甚至安排集体讨论的时间，鼓励新想法，大胆探究，于是课间中，午休时，傍晚间，放学后，谈家乡文化，说课程设计，写阅读感受，思主题创意……教师的心中少了浮躁，少了抱怨。生命如一首行歌，生命的风采就这样点点滴滴，于无声处悄悄绽放。

老王与小王

说起这“跨年龄”的学习共同体，二年级的老王和小王老师那真是“黄金搭档”呢。老王老师40岁开外，是地地道道的济南人，说起老济南的老街老巷、名胜古迹、家乡文化，那是娓娓道来、情深意长；而同年级的小王老师却是刚入职的异地新人，她对济南知之甚少。

本土课程是“做”出来的，不是只“看”就可以的。参与开发课程建设是最好的方式。于是，老王与小王携手共研。闲暇之余，总能听到老王向小王讲述着家乡济南白墙灰瓦的故人和往事，烟柳画桥里的一花一叶、一草一木，尽述济南的声与情、美与好；工作之外，小王则在老王的诉说中脚踏实地地走向这个城市的老街旧巷，去探访土生土长的乡音乡情，品尝有滋有味的家乡味道，感受乡民淳朴的音容笑貌……济南这座城市在小王的心里就这样温润起来，精致起来，俊朗起来。小王也将自己考察回来的心得与老王进行分享，将寻找到的课程资源与老王共商议。就在这样的交流探讨中，课程项目设计的脉络渐渐明晰起来……如此一份执着、一份关爱、一份付出，使年轻后辈的心里增添了一份感动、一份专注、一份努力。

岁月极美，美在它的必然流逝。春花，秋月，夏日，冬雪。你若盛开，清风自来。多年以后，当一切浮华散去，于心之角落，找寻最初的那一朵花蕊，连同存放的记忆一起，如岁月的醇酒，定然会芳香四溢。

（教科室主任　徐　磊）

那一抹荷香的诉说

——行进中的思维碰撞

清明小长假前一天的下午，学生不到校，在家休息，校长也格外“开恩”，说是让老师们放下手头工作去放松一下，利用一下午时间好好逛逛学校周边的景点。当然还有一个小任务，就是找回自己“济南人”的感觉。虽然不知道校长葫芦里卖的什么药，但是能够不上班出去 “郊游”一下，老师们还是很兴奋的。

大家三五成群分成了几组，分头出发了。一下午时间很快就过去了，老师们陆陆续续地回来复命了。走到学校边上的护城河，大家有些累了，索性坐下来休息片刻，享受一下这护城河边的静谧。

陶醉于美景

此刻的护城河畔，堪称一个天然的大空调，偶尔一阵风吹来，夹带着一丝丝的清凉。柳枝随着微风摇曳起舞，水中的柳影也轻轻呼应。碧水，蓝天，绿树，倒影……这一瞬间老师们似乎都被这美景给迷住了，大家突然间就安静了。

不知过了多久，一位老教师忍不住说道：“好美呀，我在这里工作了近30年，济南有如此的美景，竟然今天才发现！” “是啊，咱们济南真的好美啊！

原来没有注意去看，这次才发现跟我印象中的济南似乎不太一样呢。”

徜徉于文化

“咱们济南的文化更是让人惊叹呢！单这护城河，北魏时期就有记载了，叫作娥英河呢。”“我也发现了……”老师们打开了话匣子，纷纷讲述起了下午的收获。

而我，此刻似乎只有记录的份了。

从济南的史前文化到舜文化，再到历代的名人文化，老师们都有了初步的了解。在说到“济南之最”的时候，更是列举了以现在的工艺都无法制作的蛋壳黑陶高柄杯、始于唐代的济南发丝绣。还有中国首部诗歌总集《诗经》中有谭人所作讽刺诗《大东》，是现存最早的有关济南的文献；济南孝堂山郭氏墓石祠，是我国现存最早的地面房屋建筑；隋建四门塔为全国现存最古老的石塔……有几位年轻的教师还探寻了济南最古老的亭子——历下亭，雕刻最多的庭院——万竹园，济南最深的潭——五龙潭……

说着说着，又出现了一阵寂静，大家心里似乎都在想着什么。

“诗人”王老师忍不住说道：“城外青山城里湖，风景文化俱内涵。不识济南真面目，只缘身在此城中。”“千山万水只等闲，不如深究眼前景。”年轻的沈老师，也忍不住诗兴大发。

“我们这些在这里生活了几十年的人，此刻都发现对济南、对我们的‘家’了解得太少了！”

“有时间我一定要带着我家的小宝贝，走遍济南的每一个角落，挖掘出济南的各种文化特色、历史渊源，看遍济南的每一处风景，让他成为一个真正的济南人，让他萌发作为济南人的自豪感！”

灵感的涌动

交流会渐渐地接近尾声，这时候，我给大家抛出了一个话题："如果我们下一次组织学生研学，还是以济南的文化为主题的话，大家有什么想法呢？"

话题一出，老师们又开始活跃起来。

"我想建议校长开设一门课，让大家都学习济南话。作为济南人，我想济南话是不能丢的，济南话里边就有很多很有意思、很形象的词汇，是老济南人智慧的结晶。"

"我想带学生走遍济南文化名人馆。我感觉到名人馆里去拜读他们的文章，比在课堂上还要生动呢！我的记忆都如此深刻，孩子们肯定也会和我有一样的感受。"

"我想带孩子们好好研究一下大舜文化呢。我觉得这里边有很多知识需要去研究，够他们研究一阵的。说不定我们班未来还能出现考古学家呢。"

"我想带学生们去学发绣，感觉发绣作品真的好美。想象一下，我们班的那几个小淑女在那里做发绣，岂一个美字了得？"

"有条件的话，去制陶工作坊待一天，好好感受一下制陶工艺……"

"我想和孩子们一起搜集所有描写济南的文字资料，为来济南的游客讲述济南故事。"

听着老师们的讨论，我也心潮澎湃，有了自己的想法……

济南，不仅有湖光山色，还有独具特色的济南历史文化。正是优秀的文化传统，才让济南这片大地名人辈出，世代繁衍生息。作为生活在济南这片大地上的孩子们，更要了解自己的家乡，传承济南的优秀文化。

在以后的课程建设上，是否可以借助我们的校本课程，开设一门独具特色的济南文化课程呢？其中囊括济南的人、济南的话、济南的景、济南的诗、济南的词、济南的文章、济南的故事，还有济南之“最”，甚至可以延伸到济南的当下、济南的未来。

揭开“局”面

我的思绪正在飘飞，突然一位老师叫了一声：“校长！”原来，校长不知什么时候出现在了我们的身后。

“大家的讨论，我基本都听到了。”校长笑眯眯地冲大家说道。

“大家说得都很好，我很认可。我想大家此刻也应该理解了我们这次课程设置的初衷。相信大家都听说过‘读万卷书，不如行万里路’。我们的课程，可以是教室，也可以是名人故居；可以把文化请进来，也可以走出去到现场感受。当孩子们拥有了极高的兴趣，带着目标，运用自己在课堂上所学的技能去完成探究的时候，很多显性的和隐形的教育就在不知不觉间完成了。不光是孩子们走出去，老师们也要走出去，学习制陶，学习发绣，学习剪纸，再带回来分享给孩子们。最终，让我们的学生、老师，成为一个个‘地道’的济南人，让学生本身成为济南的一张名片。”

此刻天边的晚霞已经悄然而至，宛若七彩霞衣。华灯初上，让人有种恍若隔世的感觉。

大家似乎明白了校长精心设下的这个“局”。老师们以“郊游”为初衷，却完成了一次行进中的课程教研。这样的教研，不再枯燥，不再有压力，不再有抵触；换来的是轻松惬意、思路大开，还有那份内心的主动。作为老师都如此，何况是我们的孩子？

护城河的水静静地流淌了几千年，柳树年复一年地冒着新芽。济南这个人杰地灵的宝地，会一直滋养着我们，而我们也会好好地守护、传承下去，使之生生不息。

（政教副主任　梁俊南）

百花洲里觅课程

初次听到“百花洲研学”这个任务时，我瞬间感到头大，脑海中出现了一系列各种各样的问题。研学，研什么？百花洲在哪里？百花洲是干吗的？是呀，我一个外地老师，连百花洲在哪里都不知道呢，又该如何带着我的学生们去研学呢？起初，我的内心真的是十分抗拒呀！

济南的夏天真是又闷又热，好像在哪儿都躲不开烈日的照射。这一天吃过晚饭，感受到了些许的微风，我心想，要不然先去百花洲探探路？总比什么都不知道强吧，会被孩子们嘲笑的。说走就走，打开手机导航，发现距离百花洲并不远，于是我决定徒步而去。

初见·夜幕下

沿着大明湖一路向西便来到了百花洲。或许人们都聚集到大明湖聊天玩耍了吧，百花洲的人并不是很多。这时候，水域周围的建筑都亮起了景观灯，夜幕与百花洲的昏黄灯光色彩对比鲜明，非常迷人，美得简直像一幅油画。画面太美，我已然不能自拔。我默默地拿出手机拍了下来，突然想到可以让孩子们将这里画下来呀！

天知道我是有多喜欢这样的灯光，初见便让我迷上了这里。在家搜集资料时，本以为百花洲不过是一个小湖，用不了半个小时便可逛完，在海边长起来

的我对此并没有太大的兴趣。到了这儿之后才知道，2011年以来开发的百花洲片区，已成为济南历史文化名区，它由“三街、四巷、一胡同”组成，连接街巷的道路都是由青石板铺就，街区的老宅多为青砖黛瓦，古色古香，是济南“家家泉水，户户垂杨”韵味的集中展现地。既然这里有“三街、四巷、一胡同”，那研学是不是可以先从“街巷”下手呢？想到这儿，我决定自己先逛上一圈。

走进百花洲，我立刻被一个碧波粼粼的小湖迷住了。小湖面积7000余平方米，位于大明湖南岸不远处，岸边弱柳临风，水中锦鲤嬉戏，红荷争艳。湖水来自距此不足二三百米的珍珠泉泉群，泉水经曲曲折折的玉带河，便轻轻柔柔地流入百花洲。

漫步湖边，可以赏荷戏鱼观鸟，可以与湖边闲坐的居民聊天，而我却一个人对着湖面发呆——高兴的或忧伤的事都被这湖光水色屏蔽在外了，只留下沉到心底的平静。突然间有锦鲤一跃而起，哗啦啦的水声惊扰了我的美梦，似乎提醒我该去老街转转了。

进入曲水亭街，沿着玉带河边走边看，很快便沉醉在浓郁的泉水文化和老济南市井生活的氛围中了。老街小桥流水，杨柳拂面，两边的老房子有普通民宅、名人故居、文玩书店等，每家每户的大门上都挂着制作考究的楹联或匾额，这是此次游览的最爱了。一副副楹联，无一不是寥寥几字，把泉城风雅淋漓尽致地展现出来。拍摄着，品读着，竟欲罢不能，流连忘返……又一个决定从脑海中蹦出来，这一副副楹联完全可以让同学们去研究呀！

夜幕下的曲水亭街，河岸两侧都是茶馆、杂货店等文艺小店，沿河而过非常有江南“小桥流水”的感觉。这里还有很多小酒吧，都隐藏在古老的院子里。与那些大分贝DJ酒吧不同，这里大多是安静的轻音乐酒吧，非常文艺，很有情调。突来灵感的我便走进了这样一家小店，赶紧坐下和家委会一起商讨研学的内容。商议后初步定下了研学的方案。身处百花洲，所有的问题都不再纠结，真想明天就带着孩子们研学呢！

可是，夜晚中，百花洲内还有许多未开门的陈列馆，不能这样草率地决定。那就等周末白天的时候再来“考察”一番吧。

再见·清晨中

也许是周末，天气还算凉爽，来这儿游玩的人比那天晚上多了近一倍，湖边桌椅上都坐满了人。看着太阳一寸寸升起，数着鱼儿一条条游过，柔风轻拂，湖畔的翠柳随风舞动，发出“窸窸窣窣”的响声，似乎在为准备研学的我们演奏一曲赞歌。

走在百花洲街头，有一组非常写实的雕塑：一处老灶台，小孩在拉风箱，水已经烧开，有位夫人正拎着大水壶往暖水壶里灌，灶台上还有一笼屉小点心要出炉。看到这组雕像，仿佛触到了氤氲的蒸汽，又仿佛闻到了食物的清香，同样也让我想到了一个研学小目标。

从百花洲进入后宰门街的出口处，有个厚德泉，泉前有两个游客询问带着孙女在柳树下乘凉的老者。老者热情地为两位游客介绍着厚德泉的历史。游客一边听，一边用手机或相机拍照。坐在石墩上的小孙女托着腮认真地听爷爷讲过去的故事。所有一动不动的雕塑，都是老济南生活的真实写照，他们作为老济南生活的存留，将老济南的岁月重新呈现在人们面前。

由于那天晚上展览馆都没有开门，这次我便直奔目标，去各个展览馆瞧了瞧。面塑、雕刻、鲁绣、皮影、戏曲、泥塑等文化元素在这里一一展现。这真的可以让我们的研学更加丰富。此刻，我悬着的心可算是放下了。

轻松的我又来到了小湖边，一艘古朴的小木船依湖而泊，几片柳叶飘落在上面，为它增添了几分生机。若能在这儿游湖泛舟一番，想想都美滋滋的。平静的湖面突然被几只嬉戏的野鸭打破，泛起阵阵涟漪，它们不时梳理下羽毛凉爽一下，不时滑行于湖面细细欣赏每一处好风光。闲步于百花洲的青石板路上，远观一座座仿古建筑古朴且有韵味，细赏一幕幕现代小景精致而独特，不禁心旷神怡。

期待·研学到

亭台水榭交相映，总是人间好光景。真想研学的日子快一些到来，带着我的学生们一起感受这美好的一切。

我一直喜欢一句话："唯愿现世安稳，岁月静好。"在百花洲边，周围满眼的翠绿，柔软的微风轻轻地拂过我炙热的脸庞，我行走在路上，感受光阴的脉搏。

（班主任　徐万欣）

我愿成为那束光

初夏的阳光给人春天般的暖意，金黄色的阳光透过灰白色的云朵，呈现出淡红色的朝霞，变幻无穷。护城河畔黑虎泉边，绿树成荫，微风拂面，温柔而惬意，青龙街小学五年级三班的学生正在开展“童趣泉城”研学活动。同学们有的用镜头记录下黑虎泉喷涌的瞬间；有的用画笔勾勒出黑虎泉喧腾的气势；有的在泉边打起了快板介绍黑虎泉；有的用烧开的泉水泡茶，邀请游客品尝……泉城小主人的喜悦与自豪洋溢在他们每个人的脸上。孩子们的莞尔一笑，瞬间沸腾了整个护城河畔。

而我静静地坐在泉边的亭子里浮想联翩，思绪回到了几十年前的那条老街，在那里似乎更能感受到古城的韵味。走进那条老街，一种质朴典雅之风便扑面而来，给拥有“泉城”美誉的济南又平添了几分妩媚和柔情。那便是与趵突泉“三股水”隔墙相望、名泉汇聚的老巷古街——“花墙子街”，它因街东侧为原来趵突泉泉池西边的花墙子而得名。那条街永远是我记忆里的

温馨一隅，因为它承载了我童年的美好时光。想到那条街，深深的怀念与忧伤便浸满了我的心田；想到那条街，思念便会长成剪不断的藤蔓缠绕在我的心头……

“老师，请喝茶！”子豪端着一杯茶走了过来。他看出了我若有所思，问道：“老师，您在想什么？”“想家呢！我小时候生活的地方。”“老师，您以前住在哪里啊？”我拿出手机，打开相册给子豪看：“这就是我的家，可惜早已不存在了。”

当年行走在花墙子街上，便能听到趵突泉公园内清脆的泉水汩汩声，那音律如歌欢唱，我便有了一种“不辞长作济南人”的自豪与骄傲。清凉的泉水，微微荡漾着流淌过古旧的石板路。妈妈经常在街上洗衣，袖子挽起，轻撩额发，记忆中她的身影都是那么入画。路西住着泉水人家，花墙子街23号的小院便是我的家。东山墙种着爬山虎，绿油油的。房子下半墙是石头，上半墙是砖，山墙中间开着小小的方窗，窗下的水池便是备受市民青睐的杜康泉。那些年没有自来水，周围居民的生活用水全靠着这泓泉水。取水人或用扁担挑或用水车拉，甘甜的泉水养育着老街的济南人。趴在窗台上看人们来杜康泉取水就成了我和弟弟童年的一件趣事。

现在，当年街巷中的杜康泉等几眼名泉已被圈入趵突泉公园内，成为重要景点，供大家观赏。老街的景象已走进老济南人的回忆之中，取而代之的是街道两旁鳞次栉比的楼房和商铺。每每想到这里，淡淡的忧伤便会涌上心头。我多想变成一束光，把这条正悄悄被人们遗忘的老街照亮。

在济南，像花墙子街这样的老街还有很多很多，如高都司巷、剪子巷、太平寺街、宽厚所街、秋柳园街、县西巷……在现代化都市的建设之中，老街老巷或被重新规划整合，或被重新翻建……儿时的记忆淹没在高楼大厦之中，莫名的乡愁与现代文明带来的便利交织缠绕……看着孩子们亲近泉水的童真，一股教育的激情在胸中激荡，我想把老街老巷的故事讲给他们听。

我愿成为那束光，把藏在老济南人心灵最柔软角落里的文化照亮！

（英语教师　荆　靖）

第三章
课程实践：童趣点亮研学

最好的教育是实践，最美的风景在路上。人生是走出来的。教育不仅有三尺讲台，更有祖国的壮丽山河。“童趣泉城”德育实践活动课程让孩子们用自己的眼睛去观察，用自己的心灵去感受，用自己的双手去探究。教师不再是课堂的主宰者，而是变成了组织者、引领者和服务者。当放手让学生去亲近熟悉的生活场所，引领他们以探究的心态去触摸和观察熟悉的物件时，那份惊喜和发现带给孩子们的快乐和成长难以言表。通过自己的足下丈量、亲身寻访，学生们更加热爱这片故土了。行走的课堂让他们玩出了方法，玩出了能力，玩出了水平，玩出了对家乡的热爱。围绕课程实践，教育者还要学会发现并调动学校的“同盟军”，积极探索适合校情的家庭、学校、社会共育机制。从芙蓉街的“绿卡”，到一路为研学保驾护航的保安队伍；从百花洲非遗体验的合作项目，到大明湖、曲水亭街等地的解说机会……通过平台搭建，青龙街小学成为连接师生、家长、社区的教育共同体。

“童趣泉城”德育实践活动课程方案

课程是师生生命共舞的历程，规划课程，就是规划人生。济南市青龙街小学以“精致教育，精彩人生”为办学理念，遵循“讲台无边界，生活即课程”的大教育观，立德树人，进行德育实践课程创新性建设，系统建构，整体推进，引领学生扎实走好人生每一步。

政策要求决定了课程的核心价值。党的十八大报告明确指出：“把立德树人作为教育的根本任务。”党的十八届三中全会提出：“加强社会主义核心价值体系教育，增强学生社会责任感、创新精神、实践能力。”习总书记指出，“社会主义核心价值观是当代中国精神的集中体现，凝结着全体人民共同的价值追求”，要“把培育和弘扬社会主义核心价值观作为凝魂聚气、强基固本的基础工程”。山东省也出台系列课程改革文件，强调课程的整体育人价值。这些价值鲜明的政策取向，决定了我们的课程不仅要传授知识、培养能力，还必须把社会主义核心价值体系融入育人全过程，并转化为学生的自觉追求。

学生需求决定了课程的根本价值。“为了孩子健康快乐成长”应该成为当代基础教育的价值基础，而课程的根本价值，就在于让学生的生命在自主发展中成长，在教育唤醒中完善。未来扑面而来，新时代的德育工作不应局限于学校围墙之内，我们应创设更为宽阔的育人环境。学校位于济南老城区，身处深厚历史文化底蕴的城市，是一所有着百年历史的品牌学校，处处有着“家”的故事，也时时感受到令人难忘的人文情怀。学校围绕育人目标，基于本土地域资源，根据学生的特点，开发并实施了具有乡土特色的“童趣泉城”德育实践活动课程，以家国情怀培育为底蕴，充分发挥学校课程的整体育人功能，变“活动”为“课程”，变“说教”为“实践”，让教育、教学充分融合，让德育真正有方向、有思路、有重点、可持续。以德育实践课程建设不断拓宽学生成长的真实场域，从而充分发挥学校课程的整体育人功能。

一、课程性质与特征

课程性质：以培育家国情怀、发展实践能力、传承优秀传统文化、增强社会责任感为课程主要目标追求，以乡土课程资源为课程内容，以德育实践情境中学习为课程实施的重要形式的课程。其特征是真实、开放、多元、现场、参与。注重亲历，注重体验，在开放的内容和实践过程中，引导学生热爱家乡、亲近社会、完善自我。

本课程严格执行国家课程政策，遵循课程开发的规律，与国家课程、地方课程相互整合与补充，以加强课程结构的综合性与多样性，在品德课程综合实践课程的基础上构建一个更加立体化且具有开放性和综合性的课程体系，使学生在掌握国家课程和地方课程规定的基础知识、基本技能的同时个性化发展，凸现学校办学特色。本课程与基础型课程融合，是基础型课程校本化实施的重要路径之一；本课程与拓展型课程融合，是发展学生个性化，实现拓展型课程优质化、多样化的重要依托；本课程与探究型课程融合，是培育学生探究意识，实现在真实情境中发现问题、解决问题的重要阵地。

二、课程理念与目标

课程以培育学生的家国情怀为主要目标，站在“丰富和成就学生童年生活”的立场上，充分利用本土资源，统筹协调各方力量，旨在引导学生从儿童的视角深入“触摸”老城的历史古迹、人文景观、民风民俗，实地访一访、用心看一看、动手做一做，发现老城故事、品尝家乡味道、感受历史变迁。教育即以文化人，让学生在耳濡目染中感受“百年文化”，将这种文化沉淀为一种沁入人心的精神气质，从而将文化进行传承。在活动中培养学生的德育实践能力，提升学生的德育素养，促进学生健全人格的发展，促进学生的核心价值观，培养学生的社会责任感，并形成以下良好的品质：热爱家乡，具有深刻强烈的家国情怀；融入生活，形成健康进取的生活态度；完善自我，肯定自我与发展兴趣专长；拓展经验，增强适应能力与创新精神；参与实践，强化公民意识与社会责任感；服务社会，对他人富有爱心与责任心。

三、课程设计原则

1.开放性原则：充分利用本土校外资源，体现该课程的多元性、内容的广泛性、时间空间的广域性、活动探究的多样性和评价的灵活性。

2.整合性原则：以研学资源及实践内容、方法和师资情况为基础，结合学生认知能力，整合开发课程，保证实践的时效性，实现德育课程的生成性。

3.体验性原则：尊重学生主体地位，以人为本，以学生活动为主，突出体验实践，培养学生创新精神和实践能力，变知识性的课堂教学为发展性的体验教学。

4.生活性原则：着眼于生活实际的观察视角，把学生从最简单熟悉的生活层面引领到更加广阔的社会生活舞台，加强教育的实践性，突出生活的教育化程度。

四、课程内容

“童趣泉城”德育实践活动课程突出“玩”和“趣”两个元素，分为四大版块，由“泉”“城”“人”“文”版块组成，在三至六年级穿插进行。

名称	目标	内容
蓝色之源：“泉”	三年级：组织引导学生在赏水访泉中了解家乡，初步认识济南的四大泉群，感受家乡泉城的美。	寻访四大泉群 绘泉水分布图
	四年级：在寻泉赏泉中感受家乡济南的城市魅力，引导学生进行爱泉实践行动，增强学生环保意识，培养爱家乡、敢担当的责任感。	寻访“七十二名泉” 探究泉水水质 讲述泉水故事
	五年级：通过开展爱泉护泉主题实践活动，增强学生爱家乡、爱护环境意识，引导学生为全力打造“安全、清澈、美丽”的护城河贡献出自己的力量，做一名有担当、有责任感的新时代少年。	走近泉水节 做护泉小卫士 创编泉水故事 推荐泉城名片
红色之魅：“城”	三年级：寻访老街老巷，行走在名胜古迹中，初步感受济南府的魅力。	认识市树、市花、市鸟、城市特色 走街串巷寻访济南名胜古迹
	四年级：初步感受家乡的特色建筑，在红色记忆中了解济南故事，感受历史变迁，激发学爱祖国、爱家乡的情感。	走近家乡特色建筑 寻访老城红色印记 讲述济南历史故事
	五年级：通过实地了解历史名胜风光，感受城市发展变化，增强社会责任感，培养学生的家国情怀和良好的公民意识。	探究济南前世今生 感受城市发展变化 深入传统工厂企业

续表

名称	目标	内容
红色之魅："城"	六年级：通过深入了解家乡的传统企业及科技名企，增强学生对家乡的自豪感，激发内心学习热情，创编城市歌曲歌谣，进一步增强学生爱国爱家情怀及公民意识。	深入科技名企 创作济南名片 宣传济南名城 争做护城卫士
黄色之光："人"	四年级：通过搜集资料，实地探访，寻访济南好人，初步感受家乡乡情。	观济南好人榜 寻访济南好人 讲述好人故事
	五年级：组织带领学生寻家乡历史名人故居，读济南名士诗文，在参与实践中进一步增强学生爱家乡的情怀。	寻访名人故居 诵读名士诗文 宣讲名人事迹
	六年级：组织学生在实践中学习现代名人，做家乡志愿建设者，进行岗位职业体验，培养学生的城市主人意识，进一步激发学生关心家乡、奉献家乡的责任感和主人翁意识。	寻访家乡建设者 岗位体验小能手 创编宣传情景剧 争做公益宣传员
绿色之韵："文"	四年级：初步了解济南传统民风民俗，感受家乡美食文化，学说济南话，感受方言魅力，初步了解家乡文化遗产。	品家乡美食 听家乡曲儿 学说家乡话
	五年级：通过调查、交流等活动，使学生感受到家乡民风民俗的绚丽多彩及丰富深刻的内涵意蕴，激发学生爱祖国、爱家乡的情感，并初步培养学生探究民俗文化丰富内涵的兴趣。	体验济南非遗 了解曲山艺海 诵读诗词歌赋 学唱济南民谣
	六年级：通过对家乡传统民风民俗的调查及深入体验，使学生进一步了解传统文化，体会其对人们生活的影响，激发学生热爱家乡的情感，提升文化认同和文化传承意识，增强民族自豪感。	学做家乡美食 学习曲艺技艺 创编济南诗歌 创作文化产品 做家乡代言人

五、课程选择与实施

（一）课程内容选择方法

课程内容的选择由学校各年级自主决定，学校提供专业引领，各年级可真正实现“由被动执行到自主决策、由实施课程到创生课程”的转变，也使得国家课程、学校课程真正成为“教师的课程”和“学生的课程”。

1.选择。教师可从学校提供的主题版块中选出符合学生需要的课程资源作为课程开发的内容。

2.改编。改编是教师对已有主题版块进行修改，以形成一门适合学生实际需要的课程。

3.补充。教师对原有主题进行有针对性的补充。

4.拓展。以拓宽学科课程范围为目的进行课程开发活动，拓展的课程内容与主题有关。

5.创生。教师可以根据课程目标，进行重新融合，形成全新的课程设计模块。

（二）课程实施

1.课程设置

学校将德育实践课程纳入课程计划中。学科型课程一般在本学科中渗透教学，实践活动型课程、探究型课程、拓展型课程主要落实在周五下午的快乐活动日，三至六年级全部开设。

2.课时安排

在课程安排上，学科渗透的课程由各个任课教师有机融合，拓展型、探究型、实践型课程的课时落实，具体安排如下：拓展型1节（2周），探究型1节（2周），实践型1节（2周）。

学校在课时安排上，做到三个落实：一是课时落实，拓展型、实践型、探究型课程每周集中的学习时间主要在周五下午快乐活动日，列入课程表；二是师资落实，实施兼职教师结合的策略；三是活动场地落实，学校出面联系社区、街道等社会资源提供活动场所。

3.实施要求

（1）认领课程项目，确定实践主题。各班根据学生实际情况，认领项目，按活动主题学校会安排一名学科教师协助班主任作为研学指导老师，围绕此次活动指导研究学习方法，同时引导学生通过资料查询等方式进行前期调研。

（2）充分宣传。通过致家长的一封信、召开专门会议等方式，告知家长此次课程活动的意义、时间安排、出行线路及注意事项。同时招募热心家长一起参与到此次活动中来，组织指导学生们完成课程研究任务。

（3）明确学习任务，查阅资料，制订课程研究任务单。将研究主题告诉学生，提供内容菜单，指导学生查阅资料，激发学生兴趣。

（4）制订安全应急预案。对参加的学生进行安全教育，强化安全意识。

六、课程评价

1.对教师的评价

教师是实施好课程的关键。学校每学期采取问卷调查、听课、检查和教研活动等方式，对教师的课程开发、实施、组织等方面进行评价。

（1）方案评价。教师要将所制订的实践课程的计划交教导处。学校成立校本课程审核委员会，会对教师的课程实施方案进行指导审查，分别从课程的要求、目标的设立、内容的选择、安排组织的规范性、实施与评价的可行性以及所需的条件与资源是否具备等方面做出评价。

（2）过程评价。学校校本课程审核委员会对教师课程的实施过程，从课程主题或组织安排的适当性、教学资源积累的情况、活动过程是否符合课程理念等方面做出评价。

（3）成效评价。每学期期末由教研组长、课程负责人、政教处主任及教导处主任组成评审小组，对教师的课程记录、学生成果等过程性教学资料、课程受学生欢迎程度和教师实施经验辐射情况等方面做出评价，并评出一、二、三等奖给予奖励。

2.对学生的评价

课程实施中，教师不仅要关注学生学到的知识、技能，更要关注学生参与活动的积极性与主动性、情感态度等方面。评价方式要多元化、动态化、立体化，主要表现在等级评价、展示评价、积分评价。

（1）等级评价。教师可以在一个主题活动或版块学习之后，对参与课程学习的学生采用等级评价，体现对学生发展的关怀，鼓励更多的学生更好地自我完善，全面提升德育素养。

（2）展示评价。教师可对学生在课程中或在小组活动中的各种形式的成果作品进行汇集、整理，在学校文化廊、展厅或班级中进行展示，为学生搭建展示自我的平台，使学生在交流分享中相互学习、共同进步。

（3）积分评价。教师可以在课程教学中对参与活动的学生运用“积分卡”进行评价，从学生参与活动次数、是否完成探究实践、参与体验活动的表现、情感态度等方面，赋予一定分值，激发学生参与的热情，充分调动其主动性、积极性。

七、课程管理与保障

1.组织建设

（1）成立领导小组。学校成立以校长为组长的课程研发团队，分管校长为直接管理者，教科室、教导处、政教处等管理部门参与统筹管理。教科室负责课程方案撰写，政教处进行德育实践活动组织及指导，教导处负责落实课时安排、落实课程教学的管理等工作。

（2）成立课程研发团队。学校成立课程研发团队，进行有关的理论学习，搜集、查看、研究与课程有关的最新材料；通过各种方式、途径，为教师提供课程编写较成功的经验，为教师引路；聘请区课程专家，通过集体培训的方式，提升教师的课程理念。

2.师资培训

（1）建立课程指导团队。学校成立课程研发小组，整合各种教育资源，帮助教师进行德育课程开发，同时进行拓展型、探究型课程的建设研究，组织教师编制“学校德育课程资源库建设”，建立学校课程网络建设等，开辟更多的学习途径与学习形式。

（2）进行通识培训。根据课程目标，对参与课程的教师进行通识培训：一是进行德育课程理论层面的辅导，包括“方案解读”“活动方案设计”等；二是开设“德育课程理论与实践”的学习体会论坛活动，使教师掌握基本活动方式，并进行操作层面的指导；三是组织展示活动，在交流、反思中积累德育课程教学资源。

德育实践课程蕴藏着迷人的价值与美，可以成为践行家国情怀的有力载体。而与乡情文化、与当地生活融会贯通，是德育实践课程与教学倡导的改革方向之一，也是尊重教育规律、回归教育本原的重要举措。只有将故乡的情、故乡的景作为课程资源，让学生享受故乡的美，才能回味故乡的情，才是最具体、最生动的教育，也是最实在的爱国主义教育。

我们不追求教育的完美无缺，我们更愿意传递一种声音：透过德育实践课程，让孩子们保持天真和纯粹，学会批判和反思。只有思想力量，才能如阳光般照耀孩子的心灵！

（教科室主任 徐 磊）

课程实施有保障

近年来，不管是学校领导还是老师、家长都在为“童趣泉城”德育实践活动课程顺利开展积极地做着各项工作。我们整合其他课程为“童趣泉城”德育实践活动课程提供有力的时间保证；我们联系各方力量为“童趣泉城”德育实践活动课程丰富内容；我们培训老师为“童趣泉城”的开展提供人员支持；我们采买各类书籍，开拓每一个研究人员的思路……现在每次翻阅《古村落里的济南》《济南的味道》《大明湖的桥与亭》等书籍，才真正明白校长一直坚持开设这门课程的初衷。

记得当时，课程的思路定了，框架完善起来了，但如何实施，尤其是在当前学科科目多、教学时间紧、教学任务重的情况下，实施成了一个大难题。课程开设的时间、研学的时间从哪里来，课程的内容怎样传授，学生的学习资料如何收集等，都是课程有效实施的重中之重。我们组织“青小”一班人经过多次会议研究，推翻了多种设想，最终形成了统一的课程实施的保障意见。

完善时间保障

时间保障是课程有效实施的首要任务。我们决定利用学校课程时间每两周保证有一节课时间对学生进行“童趣泉城”德育实践活动课程的内容传授；每学期有两个半天的时间通过各种形式进行课程研究。时间来源的最好方式就是进行三级课程的整合。

回想这半年多来，我们将国家课程综合实践、美术、道德与法治等学科同“童趣泉城”德育实践活动课程整合，将地方课程环境、安全等学科同“童趣泉城”德育实践活动课程整合，效果还是很好的。

比如在二年级道德与法治课《小水滴的诉说》、三年级道德与法治课《我是家乡小主人》的教学中，老师都是在进行完课程教学后，再穿插“童趣泉城”德育实践活动课程，对学生进行相关内容的传授。在高年级的品德与社会教学中，对家乡的了解这一部分，教师让学生用调查报告的形式，寻找泉城的特点，或者用手抄报的形式，来介绍泉城的风土人情和名胜古迹，一举两得，既完成了课本教学任务，又使得“童趣泉城”德育实践活动课程的相关内容得到落实。

在美术课上，我们教给学生纸作品制作。老师提前做足功课，教给学生运用纸艺衍纸、三角插技法制作各种作品。在熟悉技法的基础上，济南十大微缩景观的作品就应运而生了。美术老师还协助各班设计各种主题的成果展示方案，整理、筛选、布展全校研学成果展。看着展厅里学生自己动手用纸做成的各种济南微缩景观，各个栩栩如生，所有看到的人都为老师和学生的巧妙构思和灵巧的制作赞叹不已。这些都是美术老师在完成自己美术教学基础上完成的“童趣泉城”的教学内容。

我们的综合实践老师在教给学生如何设计调查问卷的授课内容时，就结合“童趣泉城”德育实践活动课程设计相关问卷，既让学生学会了调查问卷的设计方法，又满足了“童趣泉城”德育实践活动课程的相关调查工作。

另外，我们还将三级课程中重复的内容进行了整合。比如在进行高年级语文古诗词教学时，我们同时将传统文化中以及品德与社会教材中的相关内容进行整合，一并进行教学。

这样多种形式的课程整合效果明显，我们研究“童趣泉城”的时间有了，研学的时间也有保障了。

完善社会资源保障

光有课程保障是不够的，每次研学，要“研”什么是一个主要问题。如何才能让学生真正“研”有所获，是我们课程开发者所关心的问题。怎么办？大家集思广益，发动所有老师、家长共同来参与。

我们利用家长会的时间，向家长宣讲“童趣泉城”的意义，并发动班主任不定期对家长进行拜访。学校还设立家校联系统计表，成立家长委员会，定期向家长征集金点子，不断丰富“童趣泉城”研学的内容。

功夫不负有心人，我们寻访到了两位泉城路办事处的家长，他们给学生们提供了访问千群中心的机会，保证了学生对济南三大名胜之一趵突泉的深入了解；我们请来社区义工，联系了老街巷中的“好人”、泉城最美巾帼劳动者等，请他们给孩子们讲自己爱岗敬业的故事；我们请到了在历下区住建局工作的家长，给学生讲解济南的历史变迁；请到了在黑虎泉办事处工作的家长，为学生深度游护城河保驾护航；请到了济南的“兔子王”、剪纸和五谷画传人，做风筝的民间传人，为了解济南的非物质文化遗产提供了有力保障……这些资源给我们提供了有效的研学途径，有力地保障了我们的研学活动顺利进行。

完善安全保障

虽然，带领学生去研学可以丰富学生的知识和阅历，但是现在带学生外出是每个学校、领导最头痛的事情。“不能因为我们怕就不去行动了。”每次商量研学的事情时校长总是这么说，“我们要做好一切安全保障，确保活动万无一失。”

每次活动之前，我们都制订详细的安全预案，对教师和家长志愿者进行安全培训，明确职责，责任到人，还对每一位学生进行安全教育。把活动前、活动中、活动后的应急处理方法传达给每一位教师、家长志愿者及学生。同时我们还请到了在保安公司工作的家长参与到我们的活动中，确保每次活动的安全。每次外出，看到我们整齐的队伍和着装统一的安保人员，周围的人们总是向我们投来羡慕的目光。

完善师资保障

我们的“童趣泉城”德育实践活动课程主力是班主任老师。每次开展活动，班主任老师都认真组织并进行活动总结。课程开展以来，各班组织了形式多样的活动，来保障课程的顺利进行。低年级学生年龄小，班主任老师根据学生的年龄特点组织了春日研学五龙潭，让学生画出心中最美的五龙潭，并组织班级画展等活动；中年级的老师为增加学生对济南环境及气象的了解，组织参观气象馆、趵突泉寻泉、护城河寻绿等活动；高年级的老师组织指导学生用双语介绍济南的名胜古迹等活动，增强学生爱家乡的热情。

学生在班主任老师的带领下从研究到实施再到总结，是学生积极参与的过程，是个人能力螺旋上升的过程。我们每一位“青小”人都看在眼里，乐在心里。

完善资料保障

好的活动不但要有完备的计划、周密的组织，还要有完整的资料保存。每一次的课程实施都会产生大量的学生资料，如手抄报、手工作品、学生诗文等，我们都安排专人负责收纳整理这些材料，以便为今后课程的总结提供便利条件。我们将学生做的手抄报、图画进行全校展览，之后一并整理好收藏在学校的档案室。对于比较大的手工作品，如三角插泉标、学校微景观、宽厚里牌坊等，我们都存放在学校

美术器材室。

各类资源都是达成课程目标的重要保障。能否合理有效地开发与利用这些课程资源直接关系到课程实施成效的优劣，因此各项资源的保障是课程得以顺利实施的关键。我们只有认真对待、保护好这些资源，才能让我们的课程走得更远，学生受益更多。

（副校长　程　蕾）

儿童视角

站在“儿童视角”建构德育课程，让学生用眼睛看，用耳朵听，用双手做，用心灵感悟。儿童永远是课程的主体与目标。

洒向泉城的1305个“小水滴”

2018年的中秋刚过，济南的天气更加凉爽，“泉城蓝”每天刷屏朋友圈。济南评上“全国文明城市”之后，在秋天里，我们每时每刻都会感受到秋高气爽、心旷神怡。

雏鹰羽丰再翱翔

9月30日上午8点20分。

“同学们，准备好了吗？”“准备好了！”整齐洪亮的声音响彻青龙街小学的校园。全校24个班的学生整齐列队，精神抖擞，犹如一个个要接受检阅的士兵。当然这不是阅兵，而是“青小”学子在“童趣泉城”研学探究活动前的誓师大会。

此次研学的六大探究学习目标分别为：“舌尖泉城”“泉城故居”“泉城之桥”“寻根探泉”“诗美泉城”“民俗泉城”。各班根据班级情况选择了适合的主题目标。

8点30分，在结束了“出征”前的安全、注意事项教育后，大部队陆续开拔，1305个“小水滴”涌向此次活动的几个目的地。孩子们兴奋中又带有些许的严肃。之所以严肃，是因为研学是带着任务的，各个班级甚至各个小组间还有比赛呢，比比看谁完成的任务多。此刻的孩子们就像一只只羽翼刚丰满的小鹰，个个摩拳擦掌，急于亮翅翱翔。

队伍的浩荡，场面的壮观，引来路人驻足观看。“这是‘青小’的学生啊，走得真整齐!”“你看这些孩子真精神!”“这些孩子们可真幸福啊，可以走出学校来学习。”听到这些，孩子们不由得挺起了小胸脯，带着一份自豪走得更加带劲，就连几个散漫的小同学也做到整齐有序了，这更加引发了行人的夸赞。甚至有的班级拉起了歌。彩旗迎风飘，朝阳正当时。

少年自有少年趣

8点50分，各路大军都顺利到达目的地。一眨眼的工夫，孩子们就分组开始行动了。

镜头聚焦百花洲——

一所老故居的门后齐刷刷地冒出了几个小脑袋，向里边张望着，不一会儿就被故居里的主人热情地招呼了进去。这下子可把这些小“百科全问”给引进去了。“爷爷，您在这里住了多少年了？”“爷爷，这口井里的水是泉水吗？好喝吗？”“爷爷，您能给我们讲讲这座房子的历史吗？”……还好，老人家是个热情好客的人，对于孩子们的问题一一耐心解答。

镜头聚焦趵突泉——

“你们快点啊，前边就到金线泉了！”几个孩子急匆匆地向前走着，要不是跟队老师盯得紧，这帮小家伙怕是要百米冲刺了。“水纹浮绿影摇金，倒挽银河百尺深。中有锦鱼三十六，碧波荡漾任浮流。”校园吉尼斯古诗文冠军A同学吟诗一首，“这是明朝晏壁《济南七十二泉诗》中描写金线泉的诗句。”他这一“秀”，立马吸引了众多小粉丝，围着他要求他再多吟诵几首。

来自大明湖的镜头——

大明湖新景区之一的“七桥风月”，亦成为泉城风景线上的一个新亮点。“七桥”流水，溪流萦绕，处处洋溢着迷人的文化气息，给人一种置身于济南潇洒似江南的神秘感觉。七桥风月，由七座景观桥组合而成，包含芙蓉桥、百花桥、秋柳桥、水西桥、鹊华桥、湖西桥、北池桥。七座小桥环立于湖水周围，似彩虹卧波，烟雨朦胧，如梦如幻。

而此刻一个“青小”少年站在鹊华桥

上，看着远处的各座桥冥思苦想。老师忍不住打断了少年的思绪："小同学，你在想啥呢？""老师，我在看这些桥。这些桥有的拱身浑圆，有的规矩方正；有的精致讨巧，有的恢宏大气；有的古朴典雅……我想当一个桥梁设计师，为咱们济南设计一座现代化的智能大桥。""老师可是期待着这一天的到来呀！"此时水面上微风吹过，波光粼粼，恰如少年心中的涟漪。

镜头来到宽厚里——

舌尖泉城组的孩子们此刻享受着饕餮盛宴，一道道老济南菜展现在孩子们的面前。有几个馋嘴的小家伙，直勾勾地盯着那些美味佳肴，口水都要忍不住流出来了。鲁菜大师为孩子们详细地讲解着每一道菜，小馋猫们一边认真地做着笔记，一边吞咽着口水，那样子，让带队的老师和家长们都有些忍俊不禁。

探究归来待花开

11点10分，各个队伍陆续集合完毕，踏上归路。

一上午的时间很快就过去了，孩子们还是意犹未尽。有的小家伙喊道："我的笔记才记了5页呢。"还有的嘟着小嘴，老大不情愿的样子，跟老师赖着讲条件："老师，我就再看一座桥，就一座。"无奈今天的活动只能到此了，老师只好答应他们以后还会再搞这样的活动，小家伙们才恋恋不舍地集合往回走。

回来的路上可就没那么肃静了，虽然老师们一个劲地维持纪律，但是队伍中说话的声音还是此起彼伏。看在大家还注意保持队形、没有安全问题的份上，老师也就不再硬性要求了。他们在讨论些什么呢？

“我要回去把那个百花桥画下来，它太有特色了！”

“我做的这个拓印漂亮不？这是孔子周游列国的故事。”

“我要写首诗，写给漱玉泉。”

“我想回去查查资料，看看济南还有哪些值得我们骄傲的名人。”

……

“今日游齐都，童眼观泉城。童趣何奇妙，静待那花开。”

跟队的“诗人”王老师看到此景不禁改编了李白的《昔我游齐都》这首诗，倒也恰如其分。

11点30分，全部队伍安全回归。

今天的活动暂时结束了，无论是学生，还是老师，都是收获满满。今天开启了一次探究学习的征程，今天播下了一颗求学好问的种子，今天是一个新的开始。出征，磨砺，赢未来！

（政教副主任　梁俊南）

蹲下身来，让活动充满趣味

知名教育家李镇西先生在《教育要有“儿童视角”》一文中这样提到：“什么是教育学意义上的‘儿童视角’？用儿童的眼睛去观察，用儿童的耳朵去倾听，用儿童的大脑去思考，用儿童的兴趣去探寻，用儿童的情感去热爱……”我想，在设计德育实践活动时，更需要我们站在儿童视角去思考、去策划，才能充分调动学生们的参与热情，让活动更加有深度且更有教育意义。

此次，跟随韩校长参与“童趣泉城”德育实践活动课程研究，让我这个从事十年少先队工作的大队辅导员，对设计开展学校活动又有了进一步的思考和认识。也正是在不断探索和实践中，渐渐学会蹲下身子，让自己也变成一个“小孩子”，以儿童视角来开展这份神圣的教育工作，让活动充满趣味。

思——“趣”从何来？

“童趣泉城”德育实践活动课程开设了一年多的时间，我前后两次参与了研学活动，经历了实地踩点、活动设计、研讨方案、初探路线、活动实施的全过程。为了让学生们深入了解济南的泉、景、人、文，研学过程中，老师们会结合自己收集整理的资料，一边行走一边为学生们讲解，或让学生们结合任务单找寻打卡地点；或让学生带着画笔现场写生，记录他们眼中的济南模样；抑或是让学生现场创编诗词，抒发情感……活动形式多种多样，呈现的作品丰富多彩，但我却总感觉学生们是在被迫灌输对济南的认知、被迫抒发对家乡的情感，缺乏趣味，学生们研得不够“尽兴”。到底是什么原因呢？我渐渐陷入了沉思。

在一次校务会中，韩校长带领我们一起学习如何用“儿童视角”做教育。在反思平日开展的活动中，我感受到学生更喜爱参与这种站在“儿童视角”开展的活动，因为这样的活动能够真正站在学生的角度设计内容，更加符合学生的年龄特点，更加有意义且有意思，而之前开展的研学活动可能缺乏的就是“儿童视角”。于是，在第三次去百花洲开展研学活动时，我有意识地蹲下身来，用“儿童视角”去策划活动内容。

解——“趣”是蹲下身子

那是一个不眠之夜。白天我刚与校长去百花洲进行了一次实地考察，带回来了很多值得学生体验的项目，策划着组织一批学生再次开展一项深度研学活动。如何实施？如何让这次活动更有趣？这些问题一直困扰着我，让我无法入睡。于是，我就拿出手机，想要看看能否从综艺节目中找到答案。打开手机，《奔跑吧》综艺节目遍布网络，这个是我很喜欢看的节目。节目中明星们根据设计的任务展开比赛，精彩的任务设计总是能够调动观众们的胃口，期待着每一个紧张又有趣的活动环节。忽然，我想到：《奔跑吧》综艺节目不仅仅是我的最爱，它也是学生们的最爱呀！学生们为什么会喜欢这个节目？我想不单单是因为里面有他们喜欢的明星嘉宾，更重要的是他们和我一样也喜欢节目中任务的设计。于是，我连忙找出纸和笔，开始一帧帧地回放视频，记录下节目中的每一个任务关卡，想要将百花洲研学活动与综艺节目的任务设计相结合，让学生们来一场《奔跑吧》现实版体验。

第二天，我找到韩校长说出了我的想法。她非常赞同，并提出了很多有价值的建议。结合她的建议，我又一次对活动内容和活动任务设计进行了修改，并再次来到百花洲寻找任务内容。经过反复推敲，百花洲寻“宝”活动就这样诞生了。这个寻“宝”活动需要寻两种“宝藏”：一是寻百花洲非遗体验馆中的“宝藏”，目的是要让学生通过参观体验，认识济南非遗传承人，学习他们的工匠精神，传承中华传统文化；二是寻百花洲明府城景区内的“宝藏”，包括即将失传的山东坠子、聚焦曲山艺海的芙蓉馆、夏雨荷的“故居”、房泽秋志愿者驿站，以及两处名泉——厚德泉和让水泉等，目的是让学生通过活动找到这些宝藏，并完成相应任务，以这种游戏形式，达到深入探究学习的目的。

为了能够让学生们感受到寻宝乐趣，在活动开展的前一天，我又一次走进百花洲。这次，我带着事先设计好的任务卡，来到一个个“宝藏”藏匿地点，小心翼翼地把“宝藏”藏起来。现在回忆，当时的我就像一个在玩捉迷藏的小孩子，任务卡从一个地方换到了另一个地方，既不想让学生们很快找到，又不能藏得太深让他们找不到，有时还要请求场馆中的工作人员帮忙，让他们保密呀，跟他们商量怎样配合我呀……跑断了腿，磨破了嘴皮子，汗流浃背，但我仍然很开心地忙碌到近黄昏，满心期待着第二天的活动快点到来。

行——让活动充满“趣”味

一个骄阳似火的盛夏午后，一场百花洲寻“宝”活动就这样开始啦！我们顶着烈日步行到百花洲景区，虽已大汗淋漓，但仍阻碍不了我与学生们参与活动的兴奋心情。学生们自由组合，根据个人喜好，共分为两支队伍：一支走进百花洲工作坊，参观体验非遗项目；另一支则跟随我在景区内参与寻“宝”活动。

寻“宝”活动共分为易、中、难三个等级任务，也是由学生自由组合，三人一个小队参与活动，要求在一定时间内，根据难易程度任意抽取任务卡并完成，以获得相应数量的小贴纸，最终以获得小贴纸的多少来评选出优胜者。活动开始后，学生们迅速组队，商量完成任务的对策，场面格外紧张激烈。

越挫越勇的思源小队：他们抽取的第一个任务是“寻找宝藏——芙蓉馆，并回答芙蓉馆一进门看到的器皿，是用来盛济南的哪种特色美食”。为了完成这一任务，他们来回跑了三趟，询问了三次才找到正确答案，但是他们不怕困难，越挫越勇，最终以聪明才智和奔跑的速度，获得第一名。

不轻易放弃的诗雅小队：与思源小队恰恰相反，在第一个任

务中他们就遇到了困难，导致他们小队成了此次活动的最后一名。原来，他们抽取的第一个任务是“寻找宝藏——山东坠子，并与传承人合影留念”。这个任务消耗了他们很多时间，因为要等20分钟后，“山东坠子”的传承人才会来到演出现场进行表演。眼看着活动时间飞快流逝，但诗雅小队的同学们没有一人轻言放弃，即使会成为最后一名，他们也要等到传承人来，完成任务。

当锦鲤池边休息亭下的琴声响起，他们如获珍宝一般兴奋极了。他们连忙跑到亭下，认真地听了一会儿“山东坠子”，还不忘完成任务，与传承人合影留念。对于这张照片，他们感到弥足珍贵，这是他们放弃比赛名次和其他活动换来的。他们将好不容易得到的小贴纸小心翼翼地珍藏在本子中，内心的快乐溢于脸上。我想这将是他们最难忘的一次研学。

果——“童趣泉城”收获多

这种研学活动形式打破了单纯的走走看看的“老路子”，构建了站在学生的角度策划活动的新思维。从他们的视角出发，我才能设计出有意思又有深度的寻“宝”任务。微信朋友圈中家长们晒出了孩子们的活动体验；QQ群里老师们晒出了他们眼中学生参与活动时的生动写照；记者镜头下、笔触间抒发着对这次活动的高度评价；百花洲景区内，我们还收到了游客们频频点头的赞许。

而收获最大的，我想是参与此次活动的学生们，他们不仅寻到了我所设计的“宝”，他们还会自己藏“宝”，没想到他们眼中的“宝藏”比我们看到的要更加富有童趣。例如：找一找会吹哨的泥巴，百花洲的锦鲤都有哪些颜色，唱一

唱“曲水流觞”，寻找一处可以用人体写字的地方……他们的视角总是出人意料。他们设计的“宝藏”，也让更多的学生乐于去找寻。这样的活动形式，也让我们开拓了思路。在今后的研学活动中，我们可以逐渐从一个设计者，变成一个旁观者，让学生成为活动的主角。从设计到参与再到评价，完全由学生自主完成。我想这样的活动也会成为学生们最受欢迎的活动，没有之一。

通过寻宝活动，我深深懂得了：要蹲下身子，让自己变成一个“小孩子”，用孩子的视角做他们喜欢的教育。

（大队辅导员　李　暖）

家乡味道，永远的情愫

我班学生个个是吃货。我们的第一次研学是在宽厚里，学生们不关心别的，只对宽厚里的各种小吃情有独钟。什么牛羊肉串、臭豆腐、各种口味的烤肠、冰激凌甜品、烤鸡爪等各色美食在孩子们的脑海中不断闪现。研学当天，孩子们一到宽厚里，就按照提前分好的小组奔赴各类小吃摊。不一会儿工夫，孩子们手中都拿着自己喜爱的美食吃得津津有味。他们都说：“我们喜欢这样的研学，第一次体会和全班同学一起分享美食的快乐！”不少自称“资深吃货”的孩子不仅会吃，还教给周围同学他们认为的最正宗的吃法；和同学们分享哪一家的

美食是网红店美食；告诉同学们同样的美食哪一家做得最好吃……研学归来的总结班会上，孩子们有的制作了精美的手抄报，有的手绘出宽厚里美食地图，还有的给自己最钟爱的美食店制作了海报……

忧　思

孩子们在赞美美食味道的同时，忽然发现自己家乡的美食在宽厚里并不多见，在充分享受完美食之后又陷入了沉思：外地美食已经充斥了美食街的角角落落，而在有名的宽厚里美食街却难寻老济南的味道，这显然有些偏离我们的研学主题“舌尖上的济南”。看到孩子们第一次研学归来由一开始分组品尝和分享美食的兴奋到总结时的大失所望，我体会到了孩子们心中的小遗憾——没有探寻到真正的家乡美食。于是我便安排学生们继续深入研究老济南的美食。油旋、烤地瓜、煎饼、九转大肠、糖醋鲤鱼等这些具有老济南特色的小吃及鲁菜纷纷被孩子们挖掘出来。

探　寻

我们找来了油旋的传承人给孩子们现场讲解油旋的制作过程。这次的展示，不仅使孩子们品尝到了刚出锅的热油旋，还让孩子们对油旋传承人的高超技艺肃然起敬，对家乡的自豪感油然而生！

“让学生通过研学课程开阔眼界，了解美食，品尝美食，在一起吃得开心，彼此留下儿时最美好的记忆，让每一位学生都有所提升。”这一目的我们达到了，但作为教育不能止步于此。所以，我们提出继续进行“吃背后的故事”老济南美食文化研究。

第二次宽厚里研学，我们的主题非常明确——“舌尖上的济南”，通过调查、品尝老济南特色菜，从而培养孩子们的家国情怀。这些知识都是课本上学不到的，孩子们喜欢这种把课堂搬到实践中去进行的感受和尝试。研学过程中，有的学生说：“老师，以后我们要是每周都有这样的课程就好了。”也有的说：“头一次知道研学是这样的形式，太开眼界了！”有些学生虽然什么都不说，却总能看到他们忙忙碌碌的身影，一会儿做笔记，一会儿询问路人，一会儿又在和小组成员商议着什么。

在研学之初，学生们就在《舌尖上的中国》节目中了解过“奶汤蒲菜”，其中的蒲菜是济南特有的美食，济南人喜欢吃蒲菜的习俗由来已久。在研学活动之前，学生们先进行研究。他们翻阅古籍，通过网络搜索相关资料，查到天下的蒲菜莫过于淮安的天后宫与济南的大明湖蒲菜。早些时候我们吃的蒲菜都是野生的。大明湖里的蒲菜非同一般。春天来了，在碧波荡漾的湖水里面种了一片一片郁郁葱葱的蒲子，举目望去翠绿横流。学生们了解到每年农历的四五月份，蒲菜长大了，这个时候将它的根株齐根截取，剪去它上面的绿叶部分，只留下像葱白一样长长的一段。小贩在贩卖的时候整整齐齐地扎成一捆。有经验的大师傅在烹调的时候先剥去它的老叶如同剥茭白一样，只留下中间的嫩芽使用。而北园的蒲菜，是多年的草本植物，生长于水边或者池沼内，可食用，菜质细嫩，纤维质少。“奶汤蒲菜”“锅塌蒲菜”“蒲菜烫面饺子”都是济南的名吃名菜，食之清香鲜嫩。每年5月到7月都是产蒲菜的时节。

品　味

各个小组带着对蒲菜的研究与了解一起在宽厚里“老济南四合院”集体就餐。首先是由饭店经理向学生们一一介绍老济南特色美食。其中孩子们听得最认真的是深入研究讨论过的“奶汤蒲菜”。除了知道文人墨客口中的蒲菜，也认识了厨师眼里的蒲菜，孩子们听得垂涎三尺！接下来就是上菜品尝环节

了，“九转大肠”“糖醋鲤鱼”“爆炒腰花”“老济南过年菜”“老济南炒合菜”“泉水甜沫”等依次上桌。这是小吃货们期待已久的时刻，把研学体验之旅推向高潮。

孩子们在享用美食后，纷纷说：“太美味了，没想到我们大济南还有这么多好吃的呢！”“我姥姥每年都要包蒲菜水饺，没想到今天这个奶汤蒲菜也很美味呢！”听了孩子们的讨论，我想：这次的研学活动肯定会在每个学生心中留下难忘的一笔。他们现在分享的是美味，等他们长大后，也许会远离家乡，那时候再回忆起老济南的美食，就不只是美味，更多的是家乡和妈妈的味道。也许他们也会拍出《舌尖上的济南》这样的大片。

感 悟

作为一名老师，在做研学活动的时候我一直在问自己：食物对于我们来讲，究竟是什么？食物对于孩子们来讲，他们可以从中间领会到什么？不同地区和地域的食物给予我们不一样的美食意义。我们带领孩子们一起去找寻食物本来的样子，去触摸食材的温度，去体验最为传统的制作方式，从中发现食物背后的故事。当看见他们脸上的泪水和汗水混杂在一起的时候，当灶台上炙热的烟火朝我们扑面而来的时候，我内心觉得其实食物是什么并不重要，美食的味道带给我们的温暖和传承才是最重要的。

（班主任　邵海玮）

偷偷行动的小分队

粘着白色粉末的课本欢快地躺在办公桌上的瞬间，我的心里十分雀跃，终于可以暂时与这群可爱的“小魔王”们挥手告别，享受我惬意的周末了。突然一阵铃声传来，拿起手机一看，原来是学生家长。以为是家长要询问孩子的学习情况，按下接听键之前，我脑子里已经飞速地把他积极表现的、热爱劳动的、几次小调皮的事情都过了一遍。我安心按下了接听键，准备对答如流。“常老师，上次孩子参与的活动——‘寻访警察，学习优秀品质’，咱们学校还有没有宣传的资料呀？我想给我的同事看看。”家长突如其来的问题让我有点摸不到头脑，我诧异地问：“啊？寻访？警察？”家长对我的反应也很吃惊。阳光照在书桌上，课本懒洋洋地躺在柔和的阳光里，我的思绪透过课本回到了班级活动那天。

那是4月的一天，春和景明。带着对泉城的热爱，我们进行了班级活动，找寻为美丽泉城做出贡献的平凡岗位上的工作者，学习他们的优秀品质。班级学生分为三个小队，对消防队、军区、公交车队三个平凡岗位上一直兢兢业业守护泉城的英雄们进行了访问。每一个小家伙都干劲十足，积极地和工作者们沟通，就算是平时不善于表达的学生，今天也勇敢地开口，表达着内心的敬佩。小家伙们很积极地参与到他们的工作中，亲身体会着每一个岗位的工作人员的辛苦。通过这次活动，很多同学感叹，看似普普通通的工作背后竟是这样的心酸。看到学生们的收获，我觉得所有的付出都值得。本以为随着时间的推移，这些感受会慢慢被搁浅，但是今天活动的意义又一次让我感动了。

“常老师，常老师，能听见吗？”家长的声音又把我拉了回来。经过沟通以后才知道，原来上次班级活动寻访了身边的平凡英雄之后，孩子们都对警察这一英雄形象深深地崇拜着，敬畏着，想更加深入地了解警察背后的辛苦。于是，我班中队长又联系了几个队员。巧合的是，这里面有一个孩子的爸爸在派出所工作。由中队长带领五个成员组成了“探寻警察背后的故事”小分队。为了让爸爸更用心地帮他们联系，这孩子打了我的旗号，号称我让他全权负责，让他爸爸直接和他交涉，由他进行转告。于是这个充满意义的小分队就一直在偷偷地工作着。

偷偷工作的小分队，让我想起爱因斯坦的一句名言：“教育就是忘记了在学校所学的一切之后剩下的东西。”小分队的工作诠释了教育的意义，也给我上了深刻的一课。

我心里的触动真是无以言表。第二天，我找到悄悄继续寻访的几个学生。他们说，泉城不仅有美丽的景色、特色小吃，还有值得人们称赞的治安。通过商量，他们决定向这些平凡岗位上不平凡的英雄进行更深入的了解和学习。

我们班的副中队长紧紧拉着我的手，特别激动地说：“常老师，我们在采访环节问了叔叔一个问题，最近有没有侦破什么

大案件。就在我们去拜访叔叔的前一天，他们把一个长期在济南偷电瓶的小偷抓获归案。为此他们连续蹲点，反反复复看了许多路口监控视频，终于将坏人绳之以法。”说这些的时候，他满脸洋溢着敬佩和自豪。我在心里为他们点赞，为他们高兴。我们的中队长说：“我一直以为我处在一个绝对安全的环境，这次访问之后才知道原来这幸福的生活背后是他们在默默地付出。”

另一名队员也按捺不住，紧紧地抓住我的胳膊说：“常老师，你知道吗？就在前两天，我们小分队的成员还集体跟着那位警察叔叔参加了一次小区防火用电的安全宣传活动呢。我们作为小小志愿者，协助警察叔叔向小区居民普及安全用电以及家庭防火的观念。叔叔阿姨们都夸赞我们，说我们是安全小卫士。我们自己也学到了防火用电的很多安全小知识。”看着他们的神情，听着他们的讲述，我又一次明白了教育的意义。

教育就是如此，在教育完之后剩下的也是学生们真正收获的。这次研学让学生们体会到了每一个平凡岗位的劳动者背后付出的艰辛，使他们自发地、主动地参与和融入平凡的劳动中。这既实现了教育的价值，也超越了活动本身的目的。

走在回家的路上，阳光正好，明媚如初，我从事教育事业的初心更加坚定起来。我可爱的学生们，有你们真好！

（班主任　常玉娟）

一场美丽的遇见

让构思插上翅膀

“什么？这次研学我们六年级也要参加？”听到这个消息的我一阵忐忑，但是随之而来的却是心底里涌起的喜悦。

为什么会这样呢？这还要从我校的第一次研学说起。上次研学，考虑到六年级学习紧张，没有安排我们参加活动。安稳地在学校待着，我们曾经也感到真“幸福”。可是当我们看到其他年级的多姿多彩的研学收获时，这“幸福”却变了味道。

哈哈！今年我们终于也可以去研学啦！

可是，真正搞好一次研学活动，谈何容易。更何况，我们被安排的任务是“船游泉城”。

这个研学主题真让我这个当了20年班主任的人一筹莫展。我不禁透过办公室的窗子向外望去。4月末的泉城，明媚而妖娆。护城河两岸花团锦簇，姹紫嫣红。河水清澈，映着蓝天白云，显得格外宁静。护城河，是泉城的一条晶莹剔透的项链，对于每一个济南人来说，都有重要的意义。而我们学校就坐落在护城河畔。从办公楼的窗户看护城河畔美丽的风景，是我们工作后的一种放松。那树、那水、那景，我们似乎都是那么熟悉。然而现在说要研究护城河，我怎么突然又对它陌生起来了呢？从我儿时的记忆开始梳理，到今天护城河有了很多新的变化：河水越来越清澈，花草树木栽种更为合理，修剪也更加及时，景色越来越美，这里成了人们休闲、健身的好去处；这几年，随着科技的发展，护城河周围建设的泉水直饮点、泉水浴场，成了泉城的新名片；人们不再在护城河里游泳、洗衣服，但是黑虎泉打水的习惯却从未改变；护城河游船的通航和夜景亮化工程，使得护城河又显现出了别样的美……想着想着，我就像插上了翅膀，已经游遍了护城河，心情也随之兴奋起来。护城河的这些变化不正投射着泉城济南日新月异的发展吗？这些竟然是我这个老济南人也不是很清楚、也很想去探究的东西呢！这不也应该是我们这次研学的德育切入点吗？如果我和学生们一起把这些研究透，我们的收获可真不小哩！

当我把我的想法和校长交流时，韩校长微笑着给我补充："其实，护城河的历史和变化也是很有研究价值的啊！"我听了，眼前又是一亮，赶紧把这个绝好的研究主题记在了本子上。

可是，学生们对于"船游"会感兴趣吗？没想到，当我把这个想法告诉他们时，一双双小眼睛闪亮起来，同学们纷纷举手报名参加。能和大家一起"船游"泉城，是多么让人期待啊！

事不宜迟，我连夜就将初步构想草拟成了一份活动方案。家委会的家长们对于我们这次的研学活动大力支持，纷纷认领任务：有协调船票的，有调查活动路线的，有负责发布活动通告的……几天下来，竟然较为顺利地完成了筹备工作。学生们按照小组也进行了分工，查找、整合资料，制作展牌……万事俱备，只欠东风。我也像孩子们一样兴奋，盼望着研学这天快点到来。

遇见别样美丽泉城

4月30日，沐浴着春日的暖阳，一路上欢声笑语，“‘船游’美丽泉城”研学活动正式开始了。

我们从学校出发，首先步行来到位于学校西北方的思敏桥。思敏桥是因纪念教育家鞠思敏而得名。站在桥上，东护城河的美丽景色尽收眼底，特别是东门闸口更是吸引了同学们的注意力。这时，朱恩琪和姜雨格给我们讲解了船闸的有关知识：“因为护城河是防汛河，所以当有洪水的时候，就会把船闸关闭，所以这个闸口起到了防洪、抗洪的作用。护城河南北落差为2.5米，为了使游船顺利航行，分别设计了几个船闸……”同学们听得津津有味，不禁赞叹设计者的匠心独运，对于我们的“船游”也更加期待了。

之后，我们沿着木质栈道向南前进，一路上景色美不胜收：树木舒展绿叶，花朵竞相开放，潺潺流水与护城河边的亭台楼阁相映成趣。一路上我们深入了解了济南的泉水直饮点和泉水浴场。在黑虎泉边探究护城河的前世今生，亲自打水，并品尝泉水的甜美。学生们说得最多的是：“原来是这样啊！”其实，这也正是我想说的呢！一路走来，我觉得我们向一个合格的济南人又迈进了一步！

不知不觉间我们来到了黑虎泉码头。马上要坐游船啦，同学们列队等候。利用这个间隙，家长给同学们拍照留念。这时，一位80多岁的老奶奶提着满满一壶泉水准备过桥。看到这个情景，家长志愿者茗含妈妈马上走过去，接过老人手中的水壶。王子轩同学也主动放弃拍照，小心地将老人搀扶过桥。家长和孩子有爱心的表现，让行人纷纷拍照，我也感动极了。我想，这件事就会像护城河的春日美景一样，深深留在我们的记忆当中，给我们的心灵以温暖和启迪。

经过船只的调度，我们终于可以登船了。黄顶红身的游船整齐排列。我们依次登上华丽而古典的船，激动的心情溢于言表。学生们都好奇地将小手、小脑袋，伸出窗外，迫不及待地欣赏别样的美景。游船平稳地行驶，河水激起巨大的水花，带来阵阵清新的空气，让人瞬间神清气爽起来。透过窗户，护城河沿岸美丽的景色尽收眼底。高大的垂柳的翠绿枝条随风拂动。清澈的河水宛如一面明镜，倒映着蓝天白云。美丽的鲜花吐露着芬芳，吸引着蜜蜂、蝴蝶围着它们嬉戏。以前我们是走在河边的游客，现在我们就是画中人，成了美景的一部分。正当我们目不暇接之时，突然感觉眼前变暗了，我们要过桥了。通往泉城广场的石桥，平时我们不知在它上面走过多少次，谁能想到，它的桥洞还别有洞天。一个孩子惊呼道：“大家快看，有壁画！”同学们寻声望去，桥洞石壁上婀娜的仙女衣裙飘飘，仿佛随时都会迎风而去。刚出桥洞，不知谁又喊了句：“快看，这里还有壁画，还有水文仪呢！”同学们又忙不迭寻声往北岸望去。我也看到了自己从来没有看到过的风景——在河堤上的“重华协帝”的铜制壁画，真是太神

奇了！坐在游船上，平日我们熟悉的风景，也呈现出别样的美。孩子们笑着对我说：“薛老师，实在太美了。如果不是坐船，我们还真看不到这样的景色呢！”大家亲身感受到济南这个古老的城市在新时代的变化与进步，每一个人都沉浸在快乐和自豪之中。孩子们不由得唱起了《让我们荡起双桨》《泉》这些优美的歌曲。游船行进，学生们抑制不住心中的激动，挥动手中的小红旗，向河岸上的行人打招呼，无论是漫步的老人，还是远道而来的游客都挥手回应。济南真挚淳朴的风情，让我们每个人心头都暖暖的！经过五龙潭船闸时，我们更是近距离感受到了船闸的具体操作。有了前期的了解，孩子们看得更仔细，也更清楚了。当船驶出船闸时，同学们先是屏息凝视，继而窃窃私语，最后又是阵阵欢呼。

游船顺着河道款款而行。当游船驶入大明湖时，大家的眼前豁然开朗，泉水像孩子一下子拥入了母亲的怀抱。游船随波荡漾，我们兴

奋的心情也随之达到了顶点。同学们欢呼着，高唱着，尽情享受着“船游”带来的独特乐趣。

游船行至小东湖，我们意犹未尽地走下船。在超然楼前，全体学生手持小红旗，组成一个正方形的方队，放声高歌《我爱你，中国》，尽情抒发着对祖国、对家乡的热爱与赞美！

“船游美丽泉城”，一场美丽的遇见——遇见别样美景，让我们深深陶醉在春风里。遇见质朴的情感，让我们更爱这座有温度的城。遇见有意义的研学，让我和孩子们感受到济南巨大的变化，体验了泉水文化的博大精深。生活在这古老而美丽的泉城济南，我们感动着，幸福着……

（班主任　薛　巍）

滑过四季，情暖三生

多少次，我牵着姥爷的手，徜徉于泉城“家家泉水，户户垂杨”的石板小径之上，清澈的泉水从无数个泉眼中汩汩喷涌。大明湖，儿时的我总是调皮地掬一捧清泉，感知你的温度，细细地聆听你的诉说。

今天，身为一名“青小”教师的我，与二年级一班“飞一般”中队来到大明湖寻访，走近明湖名士，触摸明湖变迁。孩子们要凭借一张张模糊珍贵的明湖昔照，找到自己心中的目的地。他们兴高采烈地手持寻访通关卡，向自己的寻访地奔去。一处处蕴藏着丰厚历史文化底蕴的名胜古迹，一一被他们找到。孩子们在这里聆听家长讲解，争先恐后地抢答，优胜者打卡集印章。他们在优美的风景中，更深入地了解到大明湖的文化名人、历史传说，眼界大开。

五处寻访地一一打卡，孩子们意犹未尽。我们又来到北极阁，五个小队展开“老游戏新玩法”的竞赛体验活动。队员们先展示自己的通关卡，比一比谁集的印章最多。优胜者男女生各组一队，展开滑滑梯竞赛，看哪个队最团结，速度最快。奇怪，这是从哪里传来的哭声？原来，是一位三四岁的小女孩找不到妈妈了，红红的小脸蛋，水汪汪的大眼睛噙满了泪水，像一只无助的小猫，她不停地哭叫着“妈妈、妈妈”。人们都用同情、关切的眼神看着小女孩。有的随行家长准备带她去找公园管理员，还有的关切地询问她家住在哪里、妈妈长什么样子。班里的小可爱王紫皓拉着小姑娘的手说：“你跟我们一起滑滑梯，等着妈妈来找你好吗？”这番童言稚语却如醍醐灌顶般提醒了所有人。“也许她家长只是在附近，一会儿就回来了。”有的家长说。于是，小姑娘跟班里的小朋友手牵手，在北极阁前的百年老滑梯上，再一次开启了欢乐之旅。看着他们像一只只快乐的小鸟，在湖畔滑梯上“展翅飞翔”，我不禁想起自己小时候，小脚丫在清澈的泉水里，奔跑、跳跃，溅起一朵朵晶莹剔透的水花；小身板也在这油亮的滑梯上欢呼雀跃，那笑声在晴空中回荡，唤起了栖息的小鸟，震落了缕缕柳叶，逗开了含苞的荷花，

惊起一湖涟漪……这真是一个治愈心灵、放飞自我、快乐满满的地方。不一会儿，小女孩的妈妈就领走了恋恋不舍离去的她。

也许，是我们的笑声感染了周围的游人。这时，又来了两位须发斑白、满面红光的老爷爷。他们慈眉笑眼、和蔼可亲地说："孩子们，我能跟你们一起滑滑梯吗？"看着这两位童心未泯的老人，孩子们怎么可能拒绝呢？于是，他们也加入了滑滑梯大军。别看他们年逾古稀，在这一视同仁的滑梯上可是身手矫健。只见他们蜷缩身体，重心下移，一顺到底。"返老还童"的两位老人，不一会儿竟然比起了谁滑得更快，连孩子们都禁不住给他们加油助威。呐喊声把我们的滑滑梯活动又一次推向高潮。

啊，碧波万顷的大明湖，是你赋予泉城儿女这般快乐惬意的生活吧！我们日日感受着你的波光粼粼、勃勃生机、温厚淳朴、生生不息，泉城儿女才能这般健康向上、友善热情、真诚无私、团结和谐。

如今，晶莹澄澈的水面又倒映出这个伟大的时代。不远处，泉城第一高楼骤然崛起，鸟瞰齐鲁大地；高架桥飞架南北，长虹贯日；经十路直通东西，银链横空；大明湖畔，霓虹闪烁奇幻多彩，高楼林立，百业昌隆。

亲爱的孩子们，你们还在等什么呢？赶快带上相机，继续我们的研学之旅，去寻找我们心目中最美的明湖故事吧！

（班主任　张晓燕）

学科融合

课程实施涉及多方面的知识技能，学科融合贯通，教师通力合作，学生享受着灵动多彩的学习生活。

诗情话意热身课

卜算子·春

迎春花开时，二月春已到。

已是风细柳斜斜，明湖三月好。

桃花连十里，蔷薇枝头闹。

青小小学子，超然楼下戏春忙。

咏画赞诵春，飞花令谁家？

莺啼燕舞蝶儿忙，不愿春色老。

每当读到秦沐阳同学写的这首词，我就会想起我与孩子们在大明湖畔、超然楼下赏春的情景。

当听到我们又要去大明湖上堂语文课时，孩子们那个激动、兴奋，有的直接就问："老师，上次秋天，我们玩拔老根的游戏了。这次去超然楼，玩点什么游戏呢？"我的心一下子就沉下来，就知道玩，孩子，我们是上课、赏景的啊，

但转念一想玩确实也不错，单元考试作文中，他们写的拔老根不是也很有意思吗？这个游戏不是给他们的童年、生活留下了美好吗？那就让他们决定吧。“你们说，上次拔老根的游戏也是你们想出来的。”课堂上一下子安静了，他们你看看我，我看看你。有的说：“没有落叶了，玩什么？”“打水仗？大明湖有水。”爱出馊主意的王天宇瞪着他圆溜溜的黑眼珠说。上次拔老根就是他想出来的。“好好好！”孩子们喜欢水，很多同学拍手叫好！我接着摇头说：“学校肯定不同意，安全重于泰山。带大家去那里上课本身对我们班就是一种照顾了，可不能玩这样的游戏了。53个人，太不安全了！”他们连连点头说：“是啊，崔老师和几个家委会的家长可看不了我们！”边嘉伟最爱接话：“高鼎不是有首写春天的诗‘儿童散学归来早，忙趁东风放纸鸢’吗？咱们也体会体会，感受感受在春风里放风筝的感觉吧！”我说：“好，不错的建议！每个小组还可以写上自己这个学期的目标，让你们的梦想飞起来，说不定就实现了呢！”

最理性的班长张仕杰举手了，他晃了晃身子说：“一个活动太少了。多少文人墨客赞美春天。咱们去一趟，当然也要赞美赞美它吧！我先给我们组起个有关春天的名字。小组成员，你们听听行吗？不喜欢可以改。”他看看同组的同学说：“我想起的名叫‘仲春’组，因为它是春天的第二个月。在这一个月里，天

气转暖，花草树木已经发芽了，比初春和暮春都美。”他们小组听后，都鼓起掌来说：“好，好！同意，同意！”一石激起千层浪，其他小组也议论起来：“我们叫‘咏春’组，因为有很多诗人都写诗来赞美春天。我们组到时候还想把咏春的诗读给大家听呢！”我们班的国学小名士商琪琪自信地说：“我们叫‘春锦’组。‘锦’出自唐代诗人苏味道的《咏井》，‘锦’比喻艳丽的春花，所以我们选它。”同学们听了她的解释，连连夸赞。刘畅扶了扶眼镜说：“我们组的名字可能取得很一般——‘春水’组，我们想像春天融化的溪水一样生机勃勃、充满生命力。我们组想用小提琴配乐和舞蹈表演的形式诵读我们喜欢的春天的诗词。”小才子王宏正点评说：“形式好，情很浓呀！”该“口才大家”张子皓解释他们的组名了。只见他不慌不忙地站起来，铿锵有力地说：“幸亏前两天崔老师让我们积累有关春天的诗。我就积累了一位唐代不是很出名的诗人郑谷的《潼关道中》，他写道：‘何年归故社，披雨翦春畦。’我们组就叫‘春畦’组吧，春口的田园。”“哇……”这节课上，孩子们的赞叹声此起彼伏。

其实，这本是一节我要带学生去大明湖前布置任务的说教、安排事项课，可就是因为孩子们热衷去大自然上课，并积累了一定的古诗词，所以就成了一节老师想不到、学生碰思维的诗趣语文热身课。正是因为这节课，孩子们才会在超然楼下，百花齐放般地展示诵春，才会有发自内心的对春天的拥抱和热爱！

（语文教师　崔　霞）

班主任的求援

——搭起学科融合之“桥”

起　源

这次研学的内容设置，还要从学生的一次“秀”说起。一名学生在课间问我：“老师，大明湖里有多少座桥？”突然间把我给问住了。他得意洋洋地说是54座，这可把我震惊到了。不光是我，全班好多孩子都十分惊奇，竟然有那么多座桥。恰巧学校要组织“童趣泉城”研学活动，何不就以“寻桥”为契机开展我们班的研学呢？于是借助54座桥这个线索，我们开了一个小型的师生座谈会。在座谈会上，孩子们好问的天性展现了出来。他们提出的很多问题，成了这次寻桥课程的初步目标。例如：大明湖54座桥的名字起源和地理分布是什么样的？大明湖的桥涉及多少名人典故？这些桥都是什么样子？这些桥都是什么结构的？哪座桥最大？哪座桥最小？各自的尺寸又是多

西南门到东北门11	01	廊榭曲桥	大明湖西南门入园，东侧湖岸第一座桥
	02	柳岸桥	廊榭曲桥沿湖岸北行不远
	03	烟波桥	柳岸桥之北，即烟波桥
	04	湖西桥	烟波桥西十几米
	05	小沧浪桥	小沧浪园荷塘中间
	06	铁公祠双桥	铁公祠祠东有双排的四孔石板桥
	07	铁公祠石洞桥	与铁公祠双桥配套而建的桥
	08	北门桥	铁公祠以东、奇石馆以西、北门楼以北，有北门桥，是北部唯一出口
	09	月下桥	奇石馆东，北极庙西
	10	汇波桥	月下桥往东、南丰祠东北角、汇波楼北水门之南，是汇波桥
	11	汇波东桥	汇波桥东南约10米，藕神祠东临，即汇波东桥
环小东湖5	12	北渚桥	出东北门向南。北渚，北边的水中小块陆地。形状有赵州桥的影子
	13	闻韶桥	北渚桥东约20米，造型像一把拐尺
	14	竹港桥	北渚桥南行15米
	15	鹊华桥	北渚桥往南300多米，“众泉汇流”牌坊北，大明湖现存最大的桥
	16	濯锦桥	鹊华桥之东，大明湖最东端横跨黑虎泉北路、连通东护城河
	17	南丰桥	汇波东桥南行约100米，南丰桥、南丰桐、曾堤都和曾巩有关
	18	竹韵桥	南丰桥正南约20米
	19	兰青桥	竹韵桥正西
	20	梅溪桥	兰青桥的正南，桥栏透空雕花，桥面西侧有亭，亭中设靠背长椅，大明湖独此一例

少？哪座最结实……

一个个的问题从学生的脑瓜中迸发而出，大家越提问越感觉“桥”里的秘密越多，越是激动，恨不能立马投身到研究活动中去。

解救“老班”

看到孩子们热情高涨，作为班主任的我，心里却有些打怵了。孩子们提出的问题可谓五花八门，涉及语文、美术、科学、综合实践等多种学科啊，而我又不是百科全书，这该怎么办呢？最终还是这帮小鬼精帮我解决了这个问题。一个小女生发现我盯着记录下的这些问题发呆，走过来拍拍我的肩膀说：“老梁，怎么了？是不是这些问题把你也难住了？我们知道你不是全才，所以也不为难你，帮你支个招咋样？”“速速说来！”“咱们可以寻求各个学科老师的帮助。一个好汉三个帮，众人拾柴火焰高。再说了，还有我们呢。大家一起努力，一切都不叫事儿！”看着她小大人的样子，我也忍不住乐了。这还真是个好办法，我茅塞顿开，如释重负。

搞定外援

寻求各科老师们的支援，这个任务自然也由这帮孩子去完成了。他们不知道的是，我这个“老班”也没有袖手旁观。根据学生提出的各种问题，我召集了语文、数学、英语、科学、综合实践、美术等多个学科的老师，针对这次课程进行了一次集体教研，来一次头脑风暴。大家一致认为，学习不应仅仅局限于课堂内，走出去实地感受，更会增加学生们的兴趣，提高学生的理解力，借助无意识记忆，加深学生对知识的理解。同时大家也一致认为，这次研学课程，单靠某一门学科是不够的，需要多学科联合，促成研学顺利实施。各个学科老师达成共识，从这次研学课程目标的设定到课程的具体实施，再到课程的评价，从课程的第一课，到研学任务单的设计，大家群策群力，形成了一个最终的方案。

磨刀不误砍柴工

在研学开始之初，由综合实践老师带领大家进行对54座桥的名字、坐标等资料的查询、搜集，数学老师带领同学们学习坐标、数对等知识，科学老师带领同学们进行对地图的识别、测量、方向辨别等知识的学习，语文老师教给学生们如何写观察日记，美术老师则教给学生们建筑物的基本画法以及建筑结构的研究。在各个学科的课堂上，按照教研时所设定的课程目标和研学任务将知识进行交叉融合，促进学生理解。例如语文的观察日记和美术的观察相结合，数学的坐标知识和科学的地图识别相结合，综合实践课上的资料搜集又和语文的古诗文学习进行有机结合。

有了目标的驱动，孩子们听得都特别认真，对各科老师讲授的知识都认真地做了笔记，期待着寻桥的那天大展身手。

行走在54座桥上，收获在心中

终于到了研学的那天，孩子们如一个个寻宝的小探险家，小脸上显露着抑制不住的兴奋，眼睛里放着光，要不是一个劲地强调着纪律，恐怕这帮小家伙都要飞起来了。

在鹊华桥上，几个三年级的孩子争吵了起来："都说了吧，带个长点的尺子，你们非不听。这么长的桥，怎么量啊？"没等我这个数学老师说话，科学老师开口了："我们身体里藏着很多数学奥秘，你们可以利用手臂的长度、脚步、脚的长度去丈量。"孩子们听了恍然大悟，纷纷用自己的方法开始了丈量。

在小沧浪桥旁，几个五年级的同学正在为游客们讲述小沧浪桥的美好故事，旁边的英语老师做着补充，师徒几个成了黄金搭档，时不时地"秀"上一段英文，惹得游客们竖起了大拇指。美术老师带着一组同学静静地在那里描画起了天心水面桥，还时不时地"秀"上一段建筑结构学讲解。信息技术老师则带着一帮小摄影迷捕捉下了这个户外写生的画面。

水天一色，水中有桥，桥上有人，心中有景，天与地、桥与湖、花与柳、人与自然浑然一体。此刻的孩子

们，已经深深地沉浸在知识的海洋里，一边享受着，一边汲取着，犹如一朵朵含苞待放的小荷，彰显着一份朝气。而老师们则细心呵护，静待花开。

后　记

“寻桥”归来，学生们更是迫不及待地要将自己的收获展示出来。大明湖的桥的知识手抄报，囊括了数学、语文、科学等多方面的知识；美术老师带领着一帮渴望画出最美桥的小画家们在美术课上挥洒丹青，一座座活灵活现的桥跃然纸上；科学老师带领孩子们，利用数学、物理等方面的知识进行纸桥的制作搭建；孩子们的观察日记妙语连珠，佳作频出；小导游们的英语解说更加流畅了……

“寻桥”活动结束了，但是我们的课程才刚刚开始。在这次课程开展的过程中，枯燥的教室变成了优美的大明湖；单一的知识通过学科融合为学生提供了学习的脚手架，让知识变得易懂；学科知识间的交错加深，增强了学生的记忆。这也为以后我们的课程建设提供了一些宝贵的经验。

“桥”打开了课程设计的思路，“桥”促进了知识间的融合，“桥”让学生与知识成为朋友，“桥”让学习走向更远。

（班主任　梁俊南）

桥旁的一节数学课

“老师，这次我真的知道1千米有多长了，我可不和你赌了！15千米岂不得跑断我的腿啊！”这是我班一个长相可爱、口齿伶俐、一到数学课上就抓耳挠腮的小萌娃果果在回来的路上跟我说的。

“哈哈，不赌也行。什么时候带老师去看看你家‘20多平方千米’的客厅啊？我还真是没见过呢！”

“老师，这么大一个大明湖面积才1平方千米，我哪有那么大的家啊！要真这样，我从沙发上去开个电视机还不得开着车去啊！那我还是愿赌服输吧！”

没想到，带领孩子们参与学校的一次研学活动，还把数学课上的教学难点给突破了，这真是体现了实践出真知啊！在数学学习上，有些知识本身就很抽象，甚至很枯燥，而课堂教学应是学科渗透、师生互动、思想碰撞、相互交流的过程。但对于某些知识点，孩子们没有经历过。例如，我们在学习长度和面积时出现的“1千米”“1平方千米”这样的“大数据”，他们就很难理解。我班的果果就是这样一个遇到数学就头大的孩子。她还很执拗，说她家的大床就是1平方千米。这次出行前我对孩子们说，我们从学校走到大明湖大概就是1千米，寻桥过程中大家围绕大明湖走一圈，再回到学校，大约有6千米

呢！擅长体育运动、每次运动会上都威风凛凛的果果立马要和我打赌：“老师，我每次跑步都是最快的，我跑400米的时候才用了2分钟，我10分钟就能跑6千米！我每天晚上都跑步，跑得很远，应该有15千米！”我立马逮住这个机会，跟她打赌。让她记住今天行程的距离，好好地体会一下什么是“1千米”。这半天跑下来，千米、平方千米，她是了解得透透的了。

我们班的主要任务是寻找大明湖的桥，孩子们都提前做好了攻略。大明湖有54座桥，孩子们信心满满地要在今天把它们全部找到。首先我们来到集合地点：鹊华居。旁边就有一座大明湖里最大的桥——鹊华桥。我随口一问：“谁能测量这座桥的长度呢？”这可难不住可爱的小姜同学，他来来回回在桥上跑了好几趟，气喘吁吁地跟我说：“老师，我1分钟能跑100米，这座桥我跑几分钟就知道有多长了！”哇！我不禁赞叹，孩子们的想象力真是不可小视，这不就是借助已有知识和经验进行合理估算吗？还有的孩子用步长来测量，然后进行计算。呵，这下好了，在课堂上怎么也讲不明白的估算，孩子们在桥上转了几圈，就迎刃而解了。真是在生活实践中才知道数学的重要性和必要性，也让我深刻地认识到：多做题不如多体验，题练完了忘得很快，但经历过可能一生都不会忘记。

朋友们，这就是我们的数学新课堂：教室在大明湖桥畔；学生是三年级二班的娃娃们；教学内容是长度和长度单位、面积和面积单位、长度的估算；难点突破在于同学们通过亲身实践，明确了1千米、1平方千米这样生活中不易接触到的长度概念和面积概念；课堂收获是在进行单位换算和用相关知识解决问题时，孩子们不再混淆概念，不再有困惑。这样行走的课堂，真正实现了寓教于乐，这是我们研学路上的意外收获。

（数学教师　王姗姗）

美在指尖，乐在纸间

“家家泉水，户户垂杨，比那江南风景，觉得更为有趣。”清末小说家刘鹗在《老残游记》中寥寥数笔就勾勒出泉城济南的神韵所在。住在美丽的泉城济南，我们为自己的家乡而骄傲，我们为自己的家乡而陶醉。为了更加深入地了解济南的风土人情、文化底蕴，我校开展了“童趣泉城”研学活动。我们美术教研组发挥学科优势积极参与其中，为学生们的研学活动“锦上添花”。

纸上谈“泉”

“老景观”“新景致”共同汇成济南别样的风景。我们要如何展示济南的美？从什么地方入手呢？不知道。一时还真没有头绪，就用老办法——开会。这是我们组多年一直坚持的习惯。只要遇到问题，大家就会展开大讨论。最年轻的小郭老师说：“我们这次不剑走偏锋了，还是从经典入手，怎么样？”

“都找经典，怎样体现我们的特色？”平时总爱思考的冯大美女发言了。

“因为是经典，才能经久不衰；因为是经典，大家才能接受。”小郭说。

“济南的经典有很多，我们选哪个代表济南？”不爱说话的老唐老师悠悠地开口。

“大明湖、趵突泉、千佛山，都是济南的名片，人人尽知。选哪个都行。”小郭抢着说。

“这些名胜古迹，人人都在表现，各种形式都有。我们又能选什么形式？”冯大美女说。

“……”

“……”

几轮讨论意见一直不能统一，思路陷入僵局。新一轮的分析又开始了。

“考虑一下咱学校的纸工课程，看能不能找到结合点。”我说。

“不行吧！纸工做点小玩意可以，做大型的难！”

“大的不行就做小的，微缩的。”

“平面的，还是立体的？”

“纸工形式也有很多种，多种结合，综合性运用。”

……

我们这一轮的讨论收获巨大，明确了初步的构思方向。老师这边统一了思想，学生那边也要行动起来。我们一提出想法，学生们都兴奋起来。

“说说自己的想法，我们表现哪些美景？”我首先发话了。

“泉城当然表现泉了。”

“济南的美景不光有泉，解放阁、芙蓉街也很美啊！”

“你想做小吃？用纸做小吃？”

“为什么不行！”

“荷花、柳树也很美啊！还是我们的市花、市树呢。”

“结合、结合……”

……

学生们的灵感被点燃了，各种天马行空的想法纷纷出炉。我们几位老师一边肯定着学生们好的、可行的想法，一边忙不迭地把他们脱了缰的思绪往回收。“初生牛犊不怕虎”的本色为我们制作小组带来无限活力。轰轰烈烈的大讨论最终确定来一场“纸间泉城”的盛宴。

纸上功夫

研学成果展上，“济南微缩景观”展台前围满了赞叹不已的学生。趵突泉的水喷涌激荡，大明湖的牌坊掩映在垂柳荷花之间，五龙潭的龙傲首挺立，绿地中心高耸入云，恒隆、世贸等现代化的商城拔地而起。就连那糖醋鲤鱼、煎饼、大葱也出现在了大家的眼前。作品的成功带给我们巨大的喜悦，制作时的辛苦依然历历在目。

学生自由分组，选定自己的制作目标。我们几位老师也分别被抢去充当战前指导。敲定设计方案，手绘设计图稿，选择材料，一步步有条不紊地开始了。我被分到“趵突泉”制作组。学生提出自己的设计方案，要展现“水涌若轮，趵突腾空”的壮美景色。围绕这个中心，我们首先展开画面构图方案的讨论。趵突泉，“泉”是中心，同时周围的景物要有所体现，大家对此意见统一，于是分小组同时进行下一步——出设计草图、修改、定稿。

我分到的是一个“硬骨头”——制作趵突泉标志性建筑观澜亭。第一轮制作，学生提议在卡纸上画出亭子剪下来，然后垂直粘在底板上。听上去可行，动手试试吧。

画、剪、粘，完成。“哈哈！”看着作品，学生们笑了。“这哪是亭子啊，像一堵墙，不好。”反对声不断，第一轮的制作宣告失败。

总结经验，第二轮开始。学生又有新想法了，单面的亭子立体感不好，就做一个真正的四个面的观澜亭。动手试试吧。四块三角形的亭子顶，四根用纸粘成的圆柱子，组合到一起完工。“亭子是立体了，但是和衍纸组做的荷花、柳树比，我们的太简单了。”“不好看，还得改。”这是组里的小黑在对玉玉说。“我们第一步已经做到了呀，亭子已经立起来了。不美观没关系，我们再改进嘛。”看着孩子们失落的表情，我鼓励大家说。纸换成更厚更硬的卡纸，亭子的顶上画上一道道的瓦片，还在顶的中心粘上个用橡皮泥做的宝葫芦。四根柱子涂上红色，之间还加上栏杆。整个观澜亭已经像模像样了。玉玉走过来对我说：“老师，总感觉我们的观澜亭不结实，风一吹就要倒。我还想再改进一下。”

“纸”难而进

教师所做的一切永远是要服务于学生的。教师的引领、付出都是为了帮助学生更好地实现自己的梦想。我们的第三轮尝试开始了。这次我首先提出要让观澜亭有不一样的质感，只能选择新的材料。大家决定改用木质材料，与纸质制作

的垂柳、荷花还有三股泉水形成对比，使整个作品有层次感。面临新的挑战，我鼓励学生去请外援，咨询科技信息老师“宋大师”，论证我们想法的可行性。“宋大师”给了我们肯定的答复，并给我们送来了制作神器——微型机床，切割木板轻松自如。看着“宋大师”行云流水般的操作，我们“轻敌”了，谢绝了“宋大师”制作援助的好意后，亲自上机尝试切割。悲催了！一条直线都切不成，更不要说完成各种形状的切割了。只能又请回“宋大师”手把手地进行技巧传授。我先出师，再协助学生一起制作。就这样，边摸索，边实验，边改进。一片片亭子的零件在我们的手中一点一点地切割出来。细心的玉玉还用砂纸把木板边缘打磨光滑。组合安装后，第三个略显稚气的观澜亭在我们手中诞生了。对照照片，我们又借助激光切割机雕刻完成了碑刻，运用立体衍纸制作手法制作了亭檐下悬挂的灯笼。垂柳、荷花组装在观澜亭的周围，最后泉水组的学生把他们经过多次改良的三眼泉水拼摆到微波粼粼的水面上，我们的这组景观就算完工了。废弃的试验品，磨破的手指，都见证着我们屡败屡战、越战越勇的故事。

本次研学我们选取了济南十个有代表性的景观进行了纸艺微缩景观的制作，整个过程历时近四个月，所用纸材上万张，堪称工程浩大。教师们体验着“教学相长”的成就感；学生们收获着细心、耐心的品质，合作共赢的意识，发现美、创造美的能力；我们都真实体验着“美在指尖，乐在纸间”的情趣。

（美术教师　匡　玫）

协同育人

家、校、社会是学生成长道路上的三个重要因素。三者分工协作、联合共育，为学生健康成长撑起美丽的天空。

芙蓉街的“绿卡”

所谓芙蓉街的“绿卡”，其实是历下区泉城路街道办事处为学校开辟了一个“绿色通道”。在所直辖的爱心服务队的帮助和支持下，我们得到了当小讲解员的机会，随时都可以去芙蓉街和泉城路街道办事处的党建中心进行义务讲解。让学生们通过参与体验，增强自信心，培养社会责任感，收获成长。能够得到芙蓉街的“绿卡”实属不易，但也让我们看到了“童趣泉城”德育实践活动课程所带来的社会效应……

一次偶然的机会，我认识了一位泉城路街道办事处的朋友。那时，我们学校“童趣泉城”德育实践活动课程才刚刚起步。本想利用这样的资源打开学生活动的平台，但遗憾的是，我和她多次联系，最后却不了了之。也许是他们对于我们这一活动还不够了解，认为我只是一时兴起；也许是那时泉城路街道办事处党建中心刚刚建成，事务比

较繁忙，她没有顾得上……不管什么原因，我们本想好好利用的这一社会资源，就这样断了线。失落之余，我们重振旗鼓，一边继续寻找可以利用的资源，一边带着老师和学生们开始了“童趣泉城”德育实践活动课程的进一步探索。

转眼一年多过去了，我们从重点探索济南的泉，延伸到了探索济南的城。学生们对家乡济南的了解也越来越深。通过多次研学活动，济南老城已遍布了学生们的探访足迹。在活动中，我们也逐渐看到了学生们的成长与收获。2018年冬天，正是即将放寒假的时候，也是济南芙蓉街刚刚整修完毕之时，为了让活动有反思、有提升，我们面向学生布置了创作济南老城手绘地图的寒假实践活动任务。为了让同学们能够绘制出各具特色又不失真的手绘地图，我们打算以芙蓉街为探索起点，带领学生实地考察研究，帮助他们以芙蓉街为中心手绘济南老街巷地图。

热心的齐齐妈妈

活动在三、四年级发起，没想到得到了家长们的大力支持，尤其是四年级一班齐齐的妈妈。她恰巧是泉城路街道办事处的工作人员，她主动联系我们，问我们有什么需要帮助的地方。对于我们来说这既是意料之外，又是意料之中。意料之外的是，多次开展研学活动，竟然不知道有这样的好资源；意料之中的是，我们的活动促进了孩子们的成长，这也早已得到了大多数家长的大力支持与认可。于是，在齐齐妈妈的帮助下，我们此次活动的启动仪式选择在了芙蓉街街口举行，还请来了专业的讲解员免费带领我们游览芙蓉街及其周边街巷，并带学生走进泉城路办事处的党建中心参观体验。

一上午的活动时间，学生们收获颇多，更是得到了服务于此次活动的泉城路街道办事处工作人员的肯定。他们不断表扬学生们在活动中的出色表现，感叹我们的活动开展得有意义。站在一旁的我，替学生们高兴之余，也在细心寻找着进一步能够与他们“牵线搭桥”的好资源……

红马甲在行动

一群身穿红色马甲的志愿者引起了我的注意，他们时而帮忙拍照，时而帮着为学生们讲解，还帮助老师们看护学生过马路，非常热心。我有一搭没一搭地和齐齐妈妈聊着，原来这些“红马甲”是泉城路街道办事处爱心服务队的志愿者，他们平日里就会在这里提供一些志愿讲解、社区献爱心等服务。我想，如果让学生们也能够加入他们，平日有讲解活动就让学生们来参与，这岂不两全其美？既锻炼了学生，增强了他们的社会责任感，又为爱心服务队的志愿者减轻了一定的工作负担。我又一次大胆地提出了我的想法，齐齐妈妈说会帮我联系看看。其实，有了“前车之鉴”，我并没有抱太大希望，只是不想放过任何机会。几个月过去了，齐齐妈妈那边始终没有回信，我已经决定要放弃了。但是，那天下午的一通电话，让我们意外收获了芙蓉街的“绿卡”。

志愿者联盟

那天下午，“童趣泉城”春季研学活动刚结束不久，我正忙于整理活动照片，一通陌生号码来电，我差点误认为是广告电话而挂断，但是怕耽误什么工作还是接了起来。“喂，您好！是青龙街小学李老师吗？”电话那头是位中年妇女的声音。我连忙回答是，并询问她是哪位。她说：“您好，我这边是泉城路街道办事处爱心服务队的负责人，我姓贾。给您打电话是想和您沟通一下我们下一步的合作事宜，先问一下您有哪些想法。若和我们联系的话，你们学校的活动想侧重于哪一方面？”听到这里，我兴奋极了，连忙拿出纸和笔，在电话中和这位贾老师做了进一步沟通。20多分钟的电话，我与她简单交流了我们活动的初心和目的，谈了谈我们的合作意向。她也向我详细介绍了爱心服务队的服务内容，以及可以合作的项目。达成一致后，我们各自留下联系方式，并决定向各自领导汇报后再进一步交流。没几天，贾老师又一次主动联系我，说他们领导非常支持我们的想法，并为我们开了绿灯：如果芙蓉街或党建中心有接待任务，他们会第一时间通知我们，我们就可以带学生去做解说，为孩子们提供更广阔的锻炼机会。

“绿卡”护航

从一开始的冷落，到现在的主动邀请，两年的时间，随着“童趣泉城”德育实践活动课程不断深入的开展，学生的成长有目共睹，家长及社会对我们活动的态度也发生了变化，让我们这群“踏在探究课程路上的人们”充满了信心。如今的我们，不仅有芙蓉街的“绿卡”，还有一路为研学活动保驾护航的保安队伍，还有送来夏日清凉的送水大军，还有百花洲非遗体验的合作项目，还有五三惨案纪念活动的邀请，还有大明湖、曲水亭街、趵突泉、黑虎泉等地的解说机会，还有新闻媒体的专题连载报道……在家长及社会各界人士的大力支持下，相信我们的“绿卡”会越来越多，“童趣泉城”德育实践活动课程也会越来越深入。我们将借助大家所提供的平台，让更多的学生感受到家乡济南的山明水秀、人文荟萃，让他们更加热爱济南，让这份浓浓的乡情在他们的心中生根发芽。

（大队辅导员　李　暖）

48小时的联合行动

5月28日8:00，我们班的三路“大军”在班里集合完毕。51名同学，3位老师，6位家长，大家整装待发，准备开始我们的职业体验之旅。

可是在这之前的48小时，我却辗转难眠。

24日16:30至凌晨

学校召开班主任会，布置研学任务。我们班接到的主题是“泉娃体验”。乍一看这主题感觉很简单，不就是体验吗？这样的体验活动我们以前也有过很多次，但仔细琢磨，又感觉比较困难。该选择什么职业进行体验？怎么才能和之前的活动有所区分，更好地体现六年级学生的水平？怎样做才能让学生从中体会各个行业的艰辛，培养孩子“关注社会、热爱生活”这一德育目标？我陷入了深深的思考，一夜无眠。

经过一晚的思考，我把目光聚焦在“为我们城市建设做出贡献的人”——环卫工人、交警协管等各行各业的服务者身上，他们不就是我们职业体验最好的对象吗？确定主题，说干就干。到了学校，我就开始制订研学计划，其中研学任务单大体分为四个版块：第一个版块，就是由泉城美引发的思考。让学生在课下拍摄自己眼中体现泉城美的照片，然后思考这些美丽照片的背后都有谁在付出艰辛的努力。第二个版块就是调查了解这些人一天的工作。我设计了时间表格，计划让学生通过采访，了解不同职业一天的工作量、工作环境、工作内容，体会各行各业工作的不易与艰辛。第三个版块是实地职业体验，并写下当时的感受。孩子通过实践进一步感受劳动者的工作，并用文字记录自己最真切的体会。最后一个版块进行拓展延伸，提出我们能为他们做什么”的问题，引导学生通过各种各样的方式表达对这些为泉城美做出贡献的人的感谢之情。

25日20:00

研学目标计划已经出了大体框架，我准备找家委会的家长协助我联系相关社会资源。说实话，交际不是我的强项。上次研学不成功的经历还历历在目：“老师，不好意思，我没时间参加。您看看别人有空吗？”“老师，请不下假来，咱们别出去了。”“老师，没事的话我早接会儿孩子。”“搞什么搞，这研学不就是春游吗？”“这么累，有空研学，还不如在学校多做两套题呢。”家长的不理解不支持，使得上次研学进行得不是很顺利。

有了上一次的教训，我这一次格外用心。下达通知前，我先做好了准备。25日晚我通知家委会成员，周六早上在学校召开研学商讨会。之前是通过网络联系家委会，有些家长不配合，所以这次我做了与家长面谈的决定。

26日8:30

我们1个老师、6位家长就这样坐在了教室里。我重点把研学活动的目的、意义先跟家长说清楚，给家长做好心理建设，明确研学是对孩子们的锻炼，一次成功的研学有益于孩子的成长。老师也已经做了非常翔实的准备，目前需要家长的配合，完成社会支持这部分内容。

在经过仔细的讲解后，家长们对研学的态度与上次有了明显的不同。“老师，您放心，需要我们帮忙做什么您尽管说，我们一定全力配合。”“到时候我请假，帮着看护学生安全。”“咱们都为了孩子好，老师您都这样尽心，我们不会拉后腿。”……家长们真诚的态度深深地打动了我。

我们7个人坐在一起，用了3个小时，积极商议体验的职业和内容。首先考虑这个职业为建设美丽泉城做出了贡献，要具有一定的代表性。其次，还要离

学校不远，方便实地操作，当然还有经过相关单位同意。之前预设的一些职业等到联系相关单位时才知道，不是说你想要体验就可以体验的，相关单位需要先保证自身工作完成，之后才能考虑接待问题。另外，还有学生安全等诸多问题。说到安全我们考虑到，如果职业太多，人员分散，就需要调度更多家长和老师，但毕竟老师和家长是有限的。最后经过商量我们确定了三个职业：环卫工人，售货员，协警。之后我们立刻行动起来，寻找相关资源，联系相关负责人。同时，我也把我们开会的内容同步发在家长QQ群，一方面让所有家长了解我们的研学，能更好地配合学校工作，另一方面可以提高家长的参与感，为我们的研学提供更多的资源。

研学开展倒计时48小时

万事俱备，只欠东风。距离商讨会结束已经过了一天半的时间，尽管大家全力配合，但联系社会资源的事情还是没有一点消息。手机十分安静，夜也十分安静，似乎一切都陷入沉寂。可社会资源联系不上，研学就没法进行。心里装着事，无论如何都睡不踏实。凌晨1点，我盯着手机，等待着消息，辗转反侧。

研学开展倒计时36小时

早上一起床，我就给自己加油鼓劲，顺便在QQ群里给家长朋友们加油鼓劲。“新的一天，新的起点，我们一直在努力。大家都不要急，我今天也出去问问。”消息一发，就有家长跟进：“目前在积极联系资源。”“老师，昨天周末，很多地方都休息，没联系上。今天周一他们上班，我早上联系试试。”“我也打听打听。”……看到家长的回复，我变得更有底气。我知道我不是孤单一人，家长在我身边默默地支持着我。家校的密切配合，让我对这次活动信心倍增。在等家委会消息的同时，我也行动起来，在百度上搜交警大队、环卫所的地址、电话，自己开始与他们联系。中午又去了环卫所，碰巧他们书记不在，只能悻悻而归。回到办公室，薛老师看我无精打采，问我怎么了。我告诉她，体验职业的相关单位还没有消息。“打电话问问新华书店吧，我记得他们那里有这种活动。”一语惊醒梦中人，我立刻拿起了电话：“我们学校开展研学活动，想到书店进行体验，您方便安排吗？”“可以啊，我们书店就有对应的活动。我发微信给你，你看看吧。我们微信联系。”与联系之前几个职业的艰难过程相比，这边的联系竟相当顺利。这让我意识到，社会对孩子们教育的支持一直都在，只是我们没有留心，忽视了它。孩子终将长大走向社会，我们也应该关注这部分社会资源，让它为我们的教育更好地服务。

刚打完电话，好消息接二连三地传来，家长们一个个电话打了过来。“老师，青龙桥那边的交警大队已经同意我们过去，时间要安排在9点半以后，那之前车辆多，孩子们的安全不好保证。”“老师，解放桥那边交警大队也已经协商好了……”“老师，你说巧不巧，环卫所的科长居然是咱班家长，环卫所那边也联系好了。”……与之前的焦虑形成鲜明对比，我现在真是激动万分。我赶紧在QQ家长群里发布了这些好消息。“各位家长朋友，研学开启前的24小时，我们终于联系好一切我们需要的资源，我们有充分的准备开启一场轰轰烈烈的研学。我衷心感谢大家所做的一切努力，是你们让我看到，我不是一个人，我们的家长、我们的社会都在为我们的教育贡献自己的一份力量。正因为我们并肩同行，所以这次活动才能顺利开展。相信孩子们在这次活动中一定会有所收获。”一段发自我肺腑的话，激起千层浪。“老师，您客气了，教育本来就是我们共同的责任。能尽一份力，我们也很高兴。”“我们都是一家人，都是为孩子好，我们理解您。有事您在群里说一声。”“老师，这次研学我单位有事没法参加。咱们班需要什么，您尽管说。下次我一定参加。”……

28日8:00

研学之旅正式开始。望着分头行进的三支队伍，我不由得发出感慨，从正式联系资源到活动实施，仅仅48小时。48小时之前的杳无音信，与之后如火如荼的强烈对比，彰显着这次活动的成功是三方共同努力的结果。48小时的联合行动，证明了教育从不孤单，学校、家庭、社会三方都在同行：学校为我们提供机会，家庭为我们寻找资源，社会为我们提供各类支持，三者联合为孩子们提供了更广阔的成长空间。

（班主任　应　欣）

幸福的老师“变变变”

世上哪种职业可以体验不同的角色？也许你会说是演员。你知道吗？小学班主任也能体验多重角色。我们日常身兼数职，在多种角色之间切换自如：学生发生矛盾时，我们变身为调解员；学生彷徨失措时，我们化身成心灵导师；学生身体不舒服，我们就充当起临时医生……前不久，我还体验了一把身兼活动策划师、平面设计师、活动总调度、导游、记者等多重身份的“变身游戏”。这还要从学校组织的“童趣泉城”研学活动说起。

变身——新手活动策划师，距离研学活动还有5天

接到研学任务，起初我有点不知所措，毕竟以前没有独立组织研学的经验，加之学生是一群上学不满一年的小豆丁。但是转念一想，把握机会，挑战与提升并存，没有经验不可怕，只要用心制订好周全的计划，照样可以让一群小豆丁们在活动中受益。于是，我便开始把自己的想法记录下来。课余、午休时间，手脑并用，笔耕不辍，设计、构思活动内容；上班、下班路上思考不停止，不断修改、完善活动方案。方案有了雏形后，我发到家委会群里听取家长代表的建议。家委会成员们积极献计献策，让我们班的“小青龙寻泉研学在行动”活动方案渐渐成熟、完备起来。

早自习前，学生在安静地看书，我突然想起可以把学生们会唱的《泉城

谣》改编成《五龙潭之歌》，于是我便清唱起来。下面一本正经地端着书的小豆丁们，一听老师唱起来，也情不自禁地跟着唱起来。“不对！不对！词不对！”我做了个停止的手势，谁承想一屋子的小豆丁齐声高呼：“不对！不对！老师唱的词不对！”我才意识到我竟然在课堂上填起了歌词。我立刻给他们解释，老师想创编一首《五龙潭之歌》，他们立刻沸腾起来。学生的呼声如此之高，我的创作激情也燃烧到了极点：“五龙潭，在济南，泉水叮咚明湖边。水玲珑，泉清澈，七十三泉不逊色。乌龙潭，龙居泉，秦琼故居传说远。春赏樱，夏戏泉，济南娃娃心喜欢。”一首《五龙潭之歌》在一年级四班的教室里唱响了。

就这样，有一点想法就第一时间补充、修改。经过十几次的完善，我们班的研学方案终于定稿了。

做一名活动策划师，需要有谋有略、有心有力。虽然在活动策划师的行列里，我还是个新手，但当我看着令自己满意的活动方案时，真是幸福感爆棚呀！

变身——菜鸟平面设计师，距离研学活动还有3天

有了较为周全的活动方案作保障，我开始着手设计研学报告单了。学生在研学活动中要有较大的收获，研学报告单的质量起着至关重要的作用。不得不承认，我并不会使用设计软件。俗话说：“一个好汉三个帮。”虽然咱不会使用软件，但是咱会求助呀！我打了三通电话，轻松完成了设计任务。第一通电话是打给专业的设计师的。可是我无法将自己的想法用几句话让设计师完全领会。急得我只好找出A4纸，拿来几支水彩笔，画起了

歪歪扭扭的简笔画，蕴含着设计理念的草图就这样诞生了。为了让学生体验每通过一关，获得一个“龙标”，最终汇集成“五龙迎客”喷泉标志的喜悦，我翻遍了整个网络，也没有找到理想的图片。找不到，咱就继续求助呗！于是我打了第二通电话，请求手绘大师帮忙画“五龙迎客”喷泉标志。又一个想法得以实现，真是令人高兴呀！最后一通求助电话是打给印刷厂的。印刷厂帮我把我的想法变为现实。

看到充满古风古韵的卷轴样式的研学手册成品，在高兴的同时，我也真切地体会到一个平面设计师的不易。

变身——手忙脚乱的活动总调度，距离研学活动还有2天

召集家委会成员开活动部署会议，是整个研学活动的重要保障。这是我开的历时最长的一次家长会，从下午4点到华灯初上。家委会成员初听到这项艰巨的任务，各个都很担心，要带着一群好奇心极强、又不会保护自己的小豆丁外出研学压力巨大。有的家长建议活动全程排好队，孩子站中间，热心家长站两边。如此这般，就失去了研学的意义。为了消除家长们的顾虑，我细致地向家长们介绍了活动方案及应对措施。最终我们一致认为在保证研学质量的同时，安全问题更是重中之重。五龙潭公园泉池较多，又没有护栏，无形中给我们的研学带来了诸多安全隐患。于是，我们将全班学生分为五组。当然分组是需要细细琢磨的，喜欢相互交流的同学不能放在一组，经常打闹的同学不能放在一组，过于活泼的同学不能放在一组……为了便于热心家长带领队员们完成研学任务，家委会还决定购买带有班标的五种颜色的马甲，分别发放给五个小组；另外还安排了五位“摄影大师”跟队拍照，留下精彩瞬间；同时，每队配备三名家长，保障组员，协助完成小组研学任务。

会议结束后，家长的脸上再也看不到担忧，取而代之的是对于班级首次研

学活动的信心。

我把出发前的动员班会视为本次研学最重要的环节。首先要调动起一年级的学生对于本次研学的兴趣，其次要使他们明确每一项的研学任务，同时还要帮助他们建立团队意识，当然最重要的莫过于安全教育了。我预设了我能想到的所有安全隐患，规划好相应的应急措施，创设情境，请一年级的学生说一说应该如何处理。

为了调动起学生参与的积极性，我把“PK赛”搬到了教室，男生一组，女生一组。学生们各个竖起耳朵，精神高度集中，生怕没有听清楚要求。就“如果在园区里走丢了你该怎么办？”这个问题，学生们竟然讨论出四五种答案：求助景区工作人员、向游客借手机联系父母、碰到其他研学的小组向热心家长求助、借助研学报告单到下一个景点等候……班会课结束时，学生们已经不在乎究竟哪一组胜利，因为他们都已经升级成“安全小卫士”，懂得了如何保护自己、保护队友。

活动总调度，就要事无巨细，思维缜密，方方面面都要兼顾到。虽然有多年做班主任的经验，但我还是手忙脚乱，生怕遗漏什么细节，小本子上一条一条，写满了好几页。

变身——带有语文味的导游，研学活动当天

在“七十三泉”前，我告诉学生，现在的我不再是老师，而变身为“导游”。事先查阅资料准备好“导游词”，用上导游介绍景点的方法向学生讲解了“济南七十二名泉”的由来，讲述了“七十三泉”的来历。然后伴着泉池汩汩的水声，和学生一同诵读了清代郝植恭的《五龙潭七十三泉》。情景融汇，小豆丁们听得专注，读得用心，我也一改往日讲台上的风格。不仅小豆丁们被我的身份转变吸引了，家长们也纷纷为我拍照、录像，对我的讲解赞不绝口。奇怪的事情

发生了，我们的队伍逐渐扩大，很多前来观泉的外地游客，也驻足和我们一起品泉、诵泉。

我暗自窃喜，有平时讲课的功底，大自然中无处不是讲台，当导游还是比较得心应手的嘛！

变身——不够专业的记者，研学活动结束后

活动过程中，学生关注着五龙潭的景色、故事，而我关注的是最美的他们。别看他们才一年级，小小的他们已经有了团队意识，小组内互帮互助，出色地完成每一项任务。更难得的是，研学活动让我重新认识了这群可爱的小豆丁：平日里的“小战争分子”主动照顾较小的“战友”；默默无闻的“文静女孩”敢于在小组里介绍成语故事；“超级大嗓门”知道在公共场所放低声音……

第一次研学，是挑战，更是财富。要为今后的持续性研学活动打开一扇窗，必须及时听取意见、调整思路、积累经验。我分别询问了带队家长、各组队员和随行的爷爷奶奶，从他们那里聆听最真实的声音和感受。不仅收到他们对本次活动的认可，也明确了学生们对精致研学活动的需求。

研学后，我将大家的反馈一一记录下来，进行了活动总结及反思。这些来自不同人群的建议，一定会见证着我们班的研学活动更加精彩、精致。

一次研学活动，不仅让学生体会了大自然之美，了解了“家家泉水，户户

垂杨”的家乡泉水文化，接受了入队之前的红色洗礼，吟唱赞颂了五龙潭，还让身为小学教师的我体验了不同职业的辛苦与快乐。“莫问收获，但问耕耘”，只要用心、用情，润物无声，芳香自来。

（班主任　芦　馨）

绿英满香砌

那一天，女儿一时兴起，问我："妈妈，我们学校为什么叫青龙街小学？"

"因为我们学校在青龙街上啊。"

"这条街为什么叫青龙街呢？"女儿追问。

我想了想，说："因为旁边有座青龙桥。"

"可是，那座桥在世茂那边呢，离我们学校很远的！"接着，女儿又问，"它为什么叫青龙桥呢？"

"你哪儿这么多问题啊？你是十万个为什么吗？"我不耐烦了，训了孩子几句。孩子不敢再问了。我的心却久久不能平静。是啊，这到底是为什么呢？

因为有女儿的提问在前，在去护城河研学时，我特意安排孩子去寻访"青龙泉"。汩汩奔涌的青龙泉旁，青翠欲滴的护城河岸，一段历史、一股清流、一片希望。孩子们兴奋不已，纷纷跑到不同的位置去观察，高兴地大呼小叫。我忙着招呼孩子，提醒他们注意安全。

争　论

忽然听到了争吵声。循声走去，一个孩子一把拉住我："滕老师，你快来吧，他们吵起来了！"原来，是超一和昊琦在争论。超一举着个塑料瓶，非让昊琦喝："你尝尝，真的比黑虎泉的水好喝。""我才不喝呢！我昨天已经查过资料了。这里虽然叫青龙泉，但其实是井水，根本不能和泉水相提并论。我爷爷每天都去黑虎泉打水，那才是泉水，那个好喝啊！就连泡出的茶水都不一样，水壶里一点水锈都没有。"……两人还没争论完，正在取水的奶奶也加入了"战队"："孩子，这里的水也很好喝。我都是在这里打水，还用这儿的水煮粥，可甘甜了。孩子，我就住在对面那座楼上。要不你跟我回家尝尝用青龙泉水煮的绿豆汤，保证你爱喝。"……

拾　英

我本想去处理这场争论，却又停住了脚步，因为我被另一个孩子吸引住了。当同学们都在跑来跑去，忙着拍照、画画、识别植物品种的时候，她却默默地蹲在那儿。走近一看，原来她在捡拾落叶和落花。"你在干什么？为什么不和其他同学一起去寻绿啊？"她抬头看看我，说："我不想去。每天晚上我都来这里散步，再熟悉不过了，有什么可寻访的？”我一下子被激怒了。这个格格不入的孩子，竟然质疑我们的研学活动。

但我还是劝自己，不要着急，慢慢引导。

我也蹲了下来：“那你这是在干什么呢？”她没抬头，继续忙碌着，说：“我在捡落叶呢。滕老师，您还记得那首诗吗？‘绿英满香砌，两两鸳鸯小。但娱春日长，不管秋风早。’”

是啊，我给孩子们讲过，那首诗描绘的是：鸳鸯草的绿叶撒满了飘香的石阶，叶间是成双成对鸳鸯般的小花；人生也当如鸳鸯草一样，得意之时须尽欢，尽情享受生命的美好，因为生命盛衰不定，繁华靡丽转瞬凋零。

我明白了！

“孩子，我猜，你捡这些落叶，是想二次利用，提升它们的生命价值，不让它们就这么飘落成垃圾，是吗？”她看看我，使劲地点了点头。

于是，我和她一起动手，把石路上、草丛中的落叶都捡拾起来。我忽然发现，叶子竟然并不比花逊色，也是颜色各异、形状各异的。我们边捡边聊，很多孩子也逐渐加入了我们的队伍。然后，我们把这些叶子按形状和颜色分类，再用彩笔勾勾画画，《荷塘月色》《鱼戏莲叶间》……一幅幅生动、美丽的叶子画，就这么出世了。

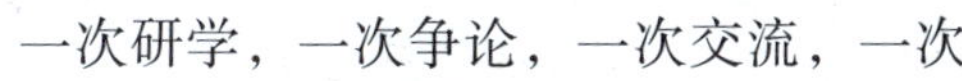

一次研学，一次争论，一次交流，一次行动，孩子们就在这个过程中逐步成长起来。正所谓：青龙桥边青龙泉，青龙校里好少年；正德小队在行动，春满泉城人人赞！

（班主任　滕　薇）

探寻宽厚里的前世今生

——“童趣泉城”宽厚里研学手记

30年前，我几乎每天早上都会在父亲的带领下一蹦一跳地登上解放阁的观景平台，那时我最喜欢的事便是举目远眺，并大喊几声：“嗨——嗨——嗨——”站在观景平台上，我呼吸着透着泉水甘甜的空气，浸润在济南的晨曦中，陶醉于老城的静谧。我时常被解放阁西北处传来的“吱悠吱悠”声所吸引，后来我发现这原来是宽厚所街的人挑着扁担担水时铁桶提手来回摇摆奏出的“晨曲”。对我来说，儿时的宽厚所街总是那么神秘。在我的记忆中，那里少有人烟，即使是白天也鲜有人迹，“济南灰”砌起的石墙高耸而冷峻，猛不丁窜出来的野猫让人毛骨悚然……现在想来，真是不堪回首……

半年的忙碌终于换来了盼望已久的暑假，平时上班早没有机会去晨练，而假期给我带来了“福音”。夏日的清晨，我还是会像小时候一样去护城河畔锻炼身体。我喜欢那里沁人心脾的空气，那里有小时候的味道，有我“下河涯”的童年。

一日清晨，我迎着九女泉北侧的台阶拾级而上，便来到了黑西路上。我习惯性地抬头一望，马路对面的宽厚里牌坊端庄古朴、大气秀丽，错落有致的传统民居牢牢地抓住了我的眼睛。我不由得走过马路，深深凝望着曾让我毛骨悚然的宽厚里。我想：现在的宽厚里非过去的宽厚所啊！学校“童趣泉城”综合实践活动课程依然在继续，何不与学生一起揭开宽厚里前世今生的神秘面纱呢？说干就干，下通知“招兵买马”，利用QQ群与学生家长展开讨论，筹划方案。有前期活动的经验，这次活动方案很快成形。

寻找济南人记忆的归宿——宽厚里的前世

活动前学生查阅了大量关于宽厚里的历史资料，活动中我们又请来宽厚里的管理人员对其进行了系统的介绍。我们得知：宽厚所街与司里街、所里街、后营坊街并称济南四大名街。宽厚所街的前身为“王府南街”，或称“南王府街”，因北侧建有东、西小王府而得名。明崇祯十三年（1640年）《历城县志·建置》载：“南王府街舜庙东。”早期记载此街街名的清乾隆版《历城县志·地域考一》中记为“宽后所街”，光绪时期《省城街巷全图》标为“宽厚所街”。算起来，宽厚所街已有400余年的历史。这条全长约400米的东西向老街以住宅为主，聚集着多座著名的“大院”，被称为“民居博物馆”。其中比较著名的大院有金家大院、袁家大院、魏家大院、沈家大院、张家大院等。街上保留有济南唯一的两层四合院——金家大院，还有至今唯一完整保存的会馆建筑——浙闽会馆。

关于这条街还有一个反映老济南人厚德向善的民间传说：小王府建成后，周边一些官宦商家亦相依建房。街西两大户翻建时都想扩大房基向外扩建，其中一户求在京做官的亲戚帮忙，这位京官以诗回复："两家争斗为一墙，让他五尺又何妨。居邻不忘睦为主，宽厚所致持家长。"这首诗不但化解了这场争端，而且成了街道美名。当然传说总是美好的。据济南市地方史志学会理事、民俗专家唐景椿介绍，宽厚所街是因西首的慈善团体"宽厚所"而改为"宽厚所街"。

老舍曾这样描述济南："设若你的幻想中有个中古的老城，有睡着了的大城楼，有狭窄的古石路，有宽厚的石城墙，环城流着一道清溪，倒映着山影，岸上蹲着红袍绿裤的小妞儿。你的幻想中要是这么个境界，那便是个济南。"

身为济南娃的我深知泉城是一座文化底蕴深厚的城市。在城市建设的大潮中，一条条老街巷、一座座老建筑悄然消失，现代化的元素让济南府的古朴褪了色，老济南人难免失落。

2008年左右，解放阁及舜井街片区开始拆迁改造，将历史文化街区保护纳入其中，宽厚里的重生自然也孕育其中。2015年9月28日，重建的宽厚里正式开街。宽厚里的复建，无疑让老济南人重新振奋起来，古色古香的宽厚里让老济南人的家乡情怀得以安放。

传统与时尚的交融——宽厚里的今生

2019年7月28日上午，我与学生及家长志愿者一起走进宽厚里，感受宽厚里的今生。如今的宽厚里在世茂国际广场的南区，东临解放阁，西临泉城广场，与黑虎泉泉群一路之隔，地理位置优越，是一片崭新的古建筑群。现在的宽厚里是具有很高价值的商业旅游街区。虽然是商业街区，但这里处处透露出老济南的古朴与泉城的特色。

我们在宽厚里穿梭，如数家珍般地寻找济南的根。走进宽厚里，成人与孩子的脚步不自觉地放慢许多。这里没有泉城路商业街的喧嚣，有的是青砖古朴的宁静，有的是复古雅致的建筑。青石板路、小桥流水人家和各种仿古石雕构成了一幅北方江南的水墨画。婀娜的绿植与黑瓦花脊的老屋遥相呼应，我们一边欣赏古色古香的小巷，一边寻找着济南的文化符号。

济南老建筑

学生注意到，在宽厚里南侧有一大门，大门前蹲着一对威猛的大石狮子，大家走到此处驻足观赏、议论纷纷。这里便是著名的浙闽会馆。它始建于清同治十二年（1873年），由旅居济南的浙江、福建两省人士集资修建。会馆主体建筑为木结构，雕刻、彩绘精致，为人们研究会馆历史文化、建筑技术、雕刻彩绘艺术、民俗文化等提供了实物参考。据悉，当年每逢节庆之日，浙闽官绅集聚于会馆，募捐、议事、祀神、会餐、请戏班唱戏等，热闹非凡。济南北接京津南通沪杭，是交通要道，这里云集了全国各地的商贾。这些客居在外的商人为了便于开展商业活动，加强同乡之间的联谊和协作，维护自己的利益，纷纷在济南建设会馆。学生在寻访浙闽会馆中真切地感受到过去济南府的辉煌与兴盛。

在宽厚里西北角，一座中西合璧的二层古楼引起了学生的注意，作为老济南娃的我一眼便认出这是金家大院。寻访中我们得知，“金家大院”是一座四合院，大约建于1910年，是清末历城知县金有大的宅第，也称“金有大官邸”。解放阁及舜井街片区拆迁改造时特意保留了金家的四合院，这足以说明其文物价值和特殊意义。在济南老城，金家大院是中西合璧的典型代表，细部雕刻如此精美的四合楼院在济南可以说是独一份。石制或砖砌拱券门窗，门窗上镶嵌着玻璃，尽显西洋特色。柱头和半圆券上的浮雕虽历经100多年，但看上去依然栩栩如生，技艺细腻。二层回廊栏板上雕刻有翠竹。全楼均为玻璃门窗。石制或砖砌拱券门窗体现出它的“洋气”。让人不禁联想起济南自开商埠后中西文化的交融以及经济的繁荣。

济南老字号

学生走在宽厚里的主街上，不难发现宽厚里是济南老字号的一张名片。宽厚里虽是旧址重生，但经过精心打造，这里云集了老济南耳熟能详的老字号商铺——草包包子、益康点心、弘春美斋油旋、黄家烤肉、野风酥、会仙楼、颜家菜、便宜坊、宏济堂、章丘铁锅同盛永……行走在宽厚里，我们不仅仅看到了青石板路、黛色砖瓦、木棂门窗、仿古雕塑，还感受到了老济南的历史、老济南的情感、老济南的味道。老字号让宽厚里承载的文化更加厚重。宽厚里通过老字号勾起老济南人对这座城市的记忆。

宽厚里是济南老字号最集中的区域。学生随机采访了几位从老字号走出的游人。这些游人基本都是外地游客，他们来宽厚里的目的更多的是体验老济南的特色文化。他们纷纷表示，来到宽厚里如愿以偿，这里不仅可以品尝到老字号的各种老味道，还能体会到匠心独特的文化韵味。

包容、新潮、时尚的宽厚里

如今的宽厚里不仅极具地方特色，还有着全国各地的小吃和商品。学生在这里见到了全国闻名的小吃，如湖南臭豆腐、武汉鸭脖、西安烤面筋、大连铁板鱿鱼、哈尔滨冰激凌……古香古色的小商铺中出售着来自全国乃至世界各地的商

品，如京广洋货、南糖纸烟、云南特色工艺品、苏杭丝绸、广绣草编、俄罗斯的小商品……

学生惊奇地发现宽厚里有着自己的文艺范儿，散发着时尚的气息。各种“小清新”“小文艺”的书吧、音乐吧、手作吧、酒吧、咖啡厅遍布在宽厚里的各个楼层、角落，充满艺术与优雅的氛围，这真是古典与现代的完美结合。这里有年轻人别样的生活，有他们想要的情调。他们在这里感知似水年华，谈论“二哈”的奇葩事迹，与“喵星人”一起享受午后的慢节奏生活……有的学生还兴奋地说道:“宽厚里是网红地儿，来济南的人都来这里打卡。抖音里‘连音社’的‘大本营’就在宽厚里呢。”是呀，宽厚里的夜市除了各种美食的飘香，还有帅哥靓女们的歌声与琴声，来自各地的人们都会在这里驻足欣赏。这里的生活是惬意的，是令人回味的。通过访问我们还得知，宽厚里经常举办各种音乐节、艺术节，结合传统节日开展民俗活动已经成为这里的常态。

在这次研学活动即将结束的时候，我们幸运地遇到了一位原来住在宽厚所街的老人。学生采访了他，请他谈了故地重游的感受。老人说，这里曾经横竖18条街，外地人在这里经常迷路。他小时候就住在这里，后来因为旧城改造拆迁，他离开住了半辈子的老街巷。过去的宽厚所街弯弯曲曲，窄小的石路凹凸不平。小时候的他在这里与小伙伴捉迷藏，爬上屋檐摸麻雀蛋，拽过石台上打盹儿的猫的尾巴，踩着水洼走，给他带来许多的乐趣。那时宽厚所街的生活是那样的简单，那是老济南原汁原味的生活。现在他经常来宽厚里看看，他喜欢这里的热闹，喜欢这里的建筑，喜欢这里的老口味，更喜欢这里老济南的记忆。

研学在轻松欢快的氛围中结束。希望不管时代如何变迁，每一代的小济南娃都能有一种老济南的回忆，有一份家乡情怀的寄托。真心希望济南的历史文化街区能像宽厚里一样重新焕发青春。

最后引用一句唐诗总结这次研学的感受："人面不知何处去，桃花依旧笑春风。"

（班主任　沈　健）

课程案例

每一个流程、每一个设计都蕴藏着教师的爱与智慧，如清泉涌动，荡漾着生机。

诗美泉城

项目设计意图

济南是一座历史文化名城。文人在济南景点留下了优美的诗文。围绕“童趣泉城”这一课程主题，引导学生研究济南老街巷的对联、诗词，通过让学生到历下区老街巷曲水亭街寻找对联，参观辛稼轩纪念祠、秋柳园、老舍纪念馆，完成实践任务单，感受诗词的魅力，激发学生对泉城的热爱之情。

项目设计方案

一、活动主题

诗美泉城。

二、活动目标

1.走访济南市历下区曲水亭街，搜集诗词对联。

2.参观辛稼轩纪念祠、秋柳园、老舍纪念馆，了解辛弃疾、王士祯、老舍的生平事迹，搜集他们的诗词。

3.学生徜徉在济南最美诗词里，激起学生创作诗词的灵感，激发学生热爱家乡之情，培养他们的自豪感。

三、活动时间

2018年9月，分三个阶段进行。第一阶段是研学前准备。学生通过书籍、网络找辛弃疾、王士祯、老舍的生平事迹，搜集他们的诗词。第二阶段是研学实践。组织学生到曲水亭街搜集对联、诗词，参观辛稼轩纪念祠、秋柳园、老舍纪念馆。第三阶段是研学成果展示。学生交流研学任务单，写研学诗歌等。

四、参加人员

全体师生、家长志愿者。

五、活动流程

先是分四小队分别研学，到曲水亭街搜集对联、诗词，参观辛稼轩纪念祠、秋柳园、老舍纪念馆。研学后现场举办赛诗会。

项目案例展示

一、研学活动

研学以小队为单位，分成四个小队，分别由老师、家长带队进行研学。

第一小队：曲水亭街搜集对联，感受文化魅力。

济南市简称“济”，因境内泉水众多，拥有“七十二名泉”，被称为“泉城”，素有“四面荷花三面柳，一城山色半城湖”的美誉。济南市历下区曲水亭街，是一条至今保护较好的有名老街巷，它是济南的灵魂。现在曲水亭街还有很多诗词、对联。

1.学生搜集对联，感受文化魅力。

街上有林林总总的茶室，茶室的楹联亦韵味十足。学生大声读着“满城泉水柳烟里，一曲溪流庭院中”“天缘承玉露，一叶度香风”等，并在任务单上认真写下来。

曲水亭街上的人家，家家挂有楹联，如“四面荷花三春杨柳，一城画卷千古人文”“琴书作侣添文气，泉水为邻养性灵”等。在巷口处，同学们兴奋地读出：“四面荷花三面柳，一城山色半城湖。”这副对联由“江西才子”刘凤诰所撰、铁保所书，悬挂于大明湖铁公祠。

2.学生读写对联，体悟对联中的情感。

在老师、家长的带领下，学生按照老师的要求挨家挨户搜集对联。老师要求学生每看到一副对联，先自己读一读，对不认识的字向老师、家长、同学请教，再想一想对联描写的内容、表达的情感，最后把自己喜欢的对联抄一抄，写在任务单上。

3.小组交流搜集到的对联，完成任务单。

同学们在小队长的带领下，围成一圈，通过丢手绢的游戏，交流自己收集到的对联，可以有感情地朗读对联，可以讲对对联的理解，可以讲对联的有关故事、传说，也可以现场作一副对联。学生交流后，修改、完成任务单。最后比比谁搜集到的对联最多，进行表扬、发奖。

第二小队：走进辛稼轩纪念祠，感受爱国词人的情怀。

“辛稼轩纪念祠”在大明湖南岸遐园西侧。是一座古典式三进院落，占地1400平方米，为纪念南宋爱国英雄、豪放派词人辛弃疾而建。稼轩祠于1961年由李公（鸿章）祠改建而成，为古代官署型建筑。大门悬匾额“辛稼轩纪念祠”，为陈毅元帅题书。我们走进“辛稼轩纪念祠”，通过参观展览，感受这位爱国词人的情怀。

1.学生小声朗诵辛弃疾诗词。

走进祠内，老师说道：“同学们，墙上有照片，是毛泽东主席手书的辛弃疾《破阵子·为陈同甫赋壮词以寄》。”老师小声朗诵：

破阵子·为陈同甫赋壮词以寄

醉里挑灯看剑，梦回吹角连营。八百里分麾下炙，五十弦翻塞外声。沙场秋点兵。

马作的卢飞快，弓如霹雳弦惊。了却君王天下事，赢得生前身后名。可怜白发生！

在词中，作者创造了雄奇的意境，生动描绘出一位披肝沥胆、忠贞不贰、勇往直前的将军形象。

2.学生默读辛弃疾生平事迹，感受他的人格魅力。

第二进院落北大厅为辛弃疾纪念堂。厅内迎门处为辛弃疾塑像，四壁挂其生平事迹和名人字画，橱中陈列有关辛弃疾的各种版本的书籍。学生认真默读四壁上辛弃疾的生平事迹。

3.学生以小队参观，抄录辛弃疾诗词。

学生在小队长的带领下，看看展厅四壁、橱中书籍、辛弃疾塑像等，找一找辛弃疾的词，和同学交流，把自己喜欢的词抄下来，完成任务单。

第三小队：参观秋柳园，认识词宗王士祯。

在秋柳园门口，一尊铜像立在大门右侧，清代男性装扮，右手举起，左手拿书本，貌似在沉吟作诗，他就是王士祯。一名男生跑步向前，站在王士祯铜像前，模仿王士祯的动作，引得同学们情不自禁地笑起来。

1.学生读秋柳园简介，初识王士祯。

秋柳园位于济南大明湖东南岸，为纪念清代神韵派诗人王士祯而恢复重建。王士祯（1634—1711年），原名王士禛，字子真、贻上，号阮亭，又号渔洋山人，清代山东新城县（今淄博桓台）人。顺治十四年（1657年）初秋，王士祯会诗友于大明湖秋柳园附近之水面亭，怅然有感，遂赋诗《秋柳四章》，大江南北“一时和者甚众”。秋柳园因此而闻名。

2.参观秋柳园，吟诵《秋柳四章》。

老师带领学生排队参观秋柳园。只见一层大门上方悬匾额“清远堂”金色大字，两侧对联为“天下文章莫大乎是，一时贤士皆从其游”。二层檐下悬匾额“秋柳诗社”苍劲大字，两侧对联为“切磋推敲历山下，交流唱和秋柳园”，由著名书法家欧阳中石先生撰书。

进入一楼大厅，迎面立有王士祯浅浮雕画像，取自康熙年间宫廷画师禹之鼎绘制的画像。厅内陈列王士祯生平、文学成就、砚台、印章、皇帝赠御扇以及仿古家具、青花瓷，还有正堂东墙悬挂由欧阳中石书写他作的《秋柳四章》等。二楼秋柳诗社为文人活动场所，西墙有王士祯的《泛明湖记》，东墙悬挂他的会友图。

学生吟诵摘抄《秋柳四章》其中一首：

秋来何处最销魂？残照西风白下门。他日差池春燕影，只今憔悴晚烟痕。

愁生陌上黄骢曲，梦远江南乌夜村。莫听临风三弄笛，玉关哀怨总难论。

第四小队：参观老舍纪念馆，感受老舍的人格、文学魅力。

走出秋柳园，沿秋柳桥向南走，在邻近水西桥的路东有一老宅院，院子临

街为“山”字形拱门，这里原为学院街12号院，今为“老舍纪念馆”。

1.老师、学生和“大师”合个影。

学生们看到老舍先生的半身雕塑，赶忙跑过去，两眼注视着先生，好像说：“老舍先生，您好！我们来看您啦！”教师和学生主动站在大师周围，拍张合影作纪念。

2.调动多种感官，用心感受老舍先生的人格、文学魅力。

老师带领小队学生参观房间展品，让学生看一看老舍先生的生平，介绍他在济南的生活情况。老师有时提问老舍的作品让学生回答，有时让学生读一读老舍的散文《大明湖之春》片段，有时让学生低头看一看展柜中展示的老舍曾经穿过的服装以及部分书籍，有时让学生抬头看一看墙上老舍不同时期的照片、文学作品，有时让学生在本子上记一记老舍的主要作品《骆驼祥子》《四世同堂》《茶馆》，有时让学生想一想老舍写作时的情景，有时通过视频影像、朗诵、阅读等方式，把对老舍的纪念、研究与探索寓于济南湖山泉水文化之中。

二、举办赛诗会

老师把学生带到小空场地，先以小组为单位，由小组长组织，交流收集的诗歌，推荐搜集最多的两名学生参加班级赛诗会。

学生手拉手围成两圈，由班级学习委员主持，举办赛诗会。诗歌内容为搜集、积累的辛弃疾、王士祯、老舍的诗词。第一轮评比谁搜集的诗歌数量多、朗读得好，评出参加决赛的小选手。第二轮以飞花令的形式，评出积累诗词小达人。由老师现场为学生发证书、奖品。

学生研究成果

一、上交研学任务单

老师根据研学目的，设计了研学任务单，内容包括研学主题、学校、班级、姓名、时间、研学地点、搜集对联、诗词。

二、编辑研学手册

内容包括老师写的序言、活动方案、活动过程、学生任务单、活动总结、媒体报道、搜集到的资料等。

三、创作研学成果

学生研学后，在老师的指导下，创作出优秀的诗歌。

致稼轩祠

济南市青龙街小学四年级三班　王馥宁

苍穹，碧空如洗；
金波，透过枝叶；
清泉，碧波荡漾；
我们，穿越千年。

同样的豪情，同样的壮志，
与稼轩无言相握。
若我爱的国土被暴风骤雨所肆虐，
我们也不会保持缄默，
用我们的血肉身躯，
驱逐黑暗，保卫我深爱的祖国！

淡淡的余晖染红了天边，
所有的嘈杂都飘然而去，
留下的只有一抹，
历史长河中最美的风景。

曲水亭街

济南市青龙街小学四年级三班　张潇冉

老街古巷何处有，
明湖南曲水亭巷。
家家泉水甜又清，
户户垂柳翠又长。

项目评析

教师评：在我的带领下，同学们来到历下区曲水亭街搜集街巷对联，认真听老师讲解，记录对联。“四面荷花三面柳，一城山色半城湖”描绘出大明湖美不胜收的景色，受到同学们的喜欢。同学们参观了辛稼轩纪念祠。在他的诗词里，同学们感受到他力图恢复国家统一的爱国热情。同学们参观了秋柳园、老舍纪念馆，领略了大师的文学魅力。在老舍纪念馆，同学们情不自禁地朗诵起老舍的《济南的冬天》。通过诗美泉城研学，同学们学会了合作，学会了分享，感受到了诗词的魅力，沐浴着文学的气息，徜徉在济南最美诗词里，燃起写诗、诵诗，赞美家乡的情怀。

家长评（孟夏的妈妈）：感谢学校组织的这次诗词研学活动。孩子通过研学搜集了古诗词，了解了“秋柳含烟”的由来、辛弃疾的“豪放”、王士祯的《秋柳四章》，对这座诗意的泉城充满美好的遐想。这座北方城市的美是独特的，它恬静幽雅，温润柔软，古老沧桑……

学生评（高越）：在班主任王玉河老师的带领下，我们一路游览一路搜寻，一边学习一边记录。在这个过程中，我受益匪浅，感受到济南历史文化古城的魅力、文人雅士的风采和唐诗宋词的韵味，深深地体会到济南文化的博大精深。我们爱泉城济南！

（班主任　王玉河）

探寻老济南的本真

——“老济南娃”带领“小青龙”寻城手记

一、回归本真，确定主题——课程设计

本学期的“童趣泉城”研学活动即将开启，这次我们班接到的主题是“城市之光”。初次看到这个主题时，我脑中首先浮现的是现代的济南——喧闹的都市高楼林立，车水马龙。但稍加思考便意识到这不是泉城的根基与本真所在，孩子们不管走到哪座城市这都是司空见惯的，于是我又重新寻找这次研学的思路。

学校组织研学活动的目的是让学生通过寻访的形式了解泉城的城市文化、善行厚德，培养学生的家乡情怀，增强归属感和认同感。那么如何让学生愿意参与此次活动，并且在研学中真正受益呢？我想应该站在学生的角度，从学生感兴趣的点切入，于是我从一个“老济南”的成长经历着手……

我是一个土生土长的济南娃，从小听着济南府的故事长大：曲水亭的流觞曲水、燕喜堂的鲁菜、剪子巷的打铁声、燕子李三的缩骨功、爱国的鞠思敏、季羡林济南的童年、弭菊田研习书画……这些济南的记忆都源自青石黑瓦石板路的老街老巷之中。我喜欢在老街巷中穿梭，因为那里有我难忘的童年，有我的童趣，是我成长的见证。每当有人与我谈论起自己的家乡，我都会滔滔不绝，言语

中总透着那么一分热爱与自豪。由此我想到：这正是当今济南的孩子所缺少的。我们的研学应立足于“我是谁”“我的根脉”“我的城市文化”。老街巷哺育了一代又一代的济南人。作为一个济南娃，我想我应该带领我的学生们一起去寻访济南府的本真——老街老巷。

根据文献记载，老济南有着“九街十八巷七十二胡同”。每一条街巷、每一座院落、每一幢老屋、每一面影壁、每一棵老树、每一口泉眼，都有一个故事，都蕴藏着济南独特的文化。城市的繁华丝毫没有掩盖老街巷的风韵，它们都是老济南存在的证据。我们这次活动就是要通过故事研学开启老济南文化之旅。

二、布局谋篇，行前准备——课程准备

确定主题，说干就干。深思熟虑之后，我把这次研学范围锁定在了学生很少去，但底蕴深厚的芙蓉巷到起凤桥街一线。我利用主题班会进行研学动员。大家你一言我一语，梳理了学生感兴趣的有关老街老巷的问题，为制订研学任务单做好参考依据。学生以学习小组为单位，每个小组研究一条本组最感兴趣的街巷，制订本组的活动方案。活动前学生就开始搜集资料，小组内每一位成员认领一项任务，将研究细化，如有关的传说和故事、街巷名字的由来、街巷中的名人、街巷中的老物件、街巷中的名泉等。总而言之，我们的活动目标就是了解老街巷的文化，感受老济南的市井生活，寻访老街巷的乐趣，从而培养学生热爱家乡的情感。

社会研学资源是我们顺利开展研学活动的重要保障。我与两位在泉城路办事处工作的家长接洽，联系社区义工宣讲团和辖区党群服务中心，搜集大量有关老街巷的原始信息。本着安全、教育时效性、最大限度放大城市文化、交通便利等原则规划研学路线，力争让研学的整条路线均为老街老巷。

老街老巷知多少：

翔凤巷	
名字由来	
济南之最	
传统美德	

金菊巷	
位置	
传说故事	
济南老字号	

马市街	
古时用途	
最有派头的街	
其他带“马”字的街	

贡院墙根街	
得名原因	
状元榜人物	
泉城故事名称	

三、童趣老街，寻访起航——课程开展

活动一：老街老巷看泉城

我们从学校南行开始研学之旅。在前往寻访目的地中我们沿途路过了这些街巷：青龙后街→兴华街→兴华桥→运署街→按察司街→尹家巷→县东巷→县前街→县西巷→珍池街→西辕门街→西更道街。这段老街巷的介绍由我来完成。我引导学生发现这些街巷的命名特点，感受独特的文化内涵。学生在倾听中发现这些老街巷的命名很有特点，有很多因府城衙门得名，如按察司街、县东巷、县前街、县西巷，等等。

春风拂过，舒爽清透，我们来到翔凤巷。负责翔凤巷小组的同学和志愿者阿姨依次介绍起这济南最窄的小巷。东起平泉胡同，西止芙蓉街，是济南最窄的小巷，宽度仅为80厘米。此条小巷旧时为两边房子的墙缝形成，俗称“墙缝巷”，后取其谐音翔凤巷，寓意为让凤凰飞到这里，图个吉祥。这里与学生平日常走的宽阔大道形成鲜明对比，带给学生不一样的感受。学生急切地走入这泉城最窄的小巷， 彼此谦让，依次通过。由于学生到访，狭窄的巷子一下变得拥堵起来，来往的人、车自觉地与我们划分“界限”，没有一声抱怨。在我们离开后，小巷又恢复了往日的通畅。在这里，学生不仅感受到了巷子的宽度，而且体会到了老济南人的温度——谦逊礼让的美德。

走出翔凤巷，沿着平泉胡同往北，学生一路来到金菊巷。研究金菊巷的小组便讲述起关于这条巷子的美丽传说和它昔日的繁华。金菊巷是连接芙蓉街与平泉胡同的一条街道，在翔凤巷北，巷子虽不长，但对于老济南来说，名气却很大，曾经红透老济南。巷子有几处完整的四合院院落。想感受老济南的奢华，非金菊巷莫属。金菊巷内有燕喜堂饭庄老宅，是济南老字号饭店，是旧时济南四大鲁菜馆之一。学生在老街巷中意外地与鲁菜相约，感受家乡菜的特色。我们的学

生对鲁菜还真不陌生，大家争先恐后地报出耳熟能详的鲁菜名：九转大肠、滑炒里脊丝、糖醋鲤鱼、爆炒腰花，等等。交流中那已停业许久的饭庄仿佛再一次飘出色香味俱全的鲁菜味道，许多孩子垂涎三尺，并提出“五一”假期一定要再去尝尝地道的鲁菜。

沿着平泉胡同，我们一路走一路看，来到了王府池子。在社区志愿者美美的讲述中，学生不自觉地手扶护栏，注视着泉池中如同珍珠漫撒的泉眼，忍不住畅想老济南“家家泉水，户户垂杨”的场景。泉水就在自家院子里，仿佛透过石板路的缝隙就会看见在石板下面潺潺流淌的泉水。

学生移步来到起凤桥街，泉水人家的氛围再一次感染了他们。一边是黑瓦花脊的老屋，一边是绿藻飘摇的清泉。泉水标志的门牌以及木质的对联古色古香，散发着古朴优雅的韵味。学生一路走来，过腾蛟泉西拐，远远便望见一个漂亮的砖雕月亮门，旁边宽约2米的石桥便是起凤桥。石桥长约3米，乍看外表普通，踩在光滑如镜的青石板上，却能感受到岁月的磨砺。学生站在起凤桥畔，不约而同地把目光向水中投去，他们喜爱那摇曳的水草、悠闲自在的鱼虾。他们仿佛也来到了溪中，畅享作为济南人的怡然。名泉、小桥、流水、人家是那样的自然、美丽、和谐。

穿过马市街便来到济南老城最有文化的街——贡院墙根街。这里最吸引学生的是贡院墙根街的状元墙。社区志愿者娓娓道来：“这面墙原为明、清时期济南贡院正门外的照壁，是济南古城区中最大的带两翼的影壁墙。状元墙绘制了从唐高祖武德五年（622年）壬午科始，到清末光绪三十年（1904年）甲辰科止，可考证的36名山东籍状元。”学生肃然起敬，从文字中感受千年来山东的荣耀。他们在了解科举考试的同时，也将这些先贤视为自己勤学上进的榜样，在实现自己梦想的路上又多了一份激励……

走进老街巷，走进老济南尘封的记忆，去寻访古意，触摸老济南原汁原味的生活与美好。通过一草一木、一砖一石、一池一泉、一街一巷、一铺一店，品味深厚的济南文化，感受悠久的历史，这正是我们的研学目的。

活动二：善行义举助成长

走进老街巷研学中，我们发现老街巷中不仅有文化和故事，还有许多厚德向善的好人，于是不久后我们以“寻访善行义举好榜样”为主题开展了第二次研

学活动。

老街巷中隐藏着许多“好人”，他们堪称泉城人的精神财富，他们是普通的泉城人，却坚持做着不普通的事。

这次研学我们以泉城路街道党群服务中心为依托展开活动。在党群服务中心，很多学生第一次接触到身边的全国道德模范——房泽秋。她因一句诺言36年如一日照顾与自己毫无血缘关系的孤寡老人，同时默默影响自己的家人继续照顾老人。她的事迹被更多人知晓后成立了房泽秋志愿者工作室，从一个房泽秋到1万个房泽秋，感动着无数人。2015年10月，第五届全国道德模范评选授予房泽秋“全国助人为乐模范”称号。她还荣获“山东好人之星”荣誉称号，荣登“中国好人榜”。

在泉城路街道办事处，学生到“张现水劳模城管工作室”参观。在工作室，学生知道了“延伸10米管理工作法”，知道了工作室是以劳模张现水为依托和纽带，发挥灵魂人物固有的工作基础优势，集中打造一支爱岗敬业、精通业务、创新钻研、乐于奉献的技能型、服务型、复合型城管执法先锋队伍。学生对城管工作有了全新的认识。

再次走进老街巷，学生在府学文庙南门遇到了泉城路环卫所的阿姨，从阿姨那儿知道了泉城路环卫所所长杨宝凤的事迹。杨宝凤怀着一颗对环卫工作的热爱之心，爱岗敬业、无私奉献，为净化市容、美化环境做出了突出的贡献，真正

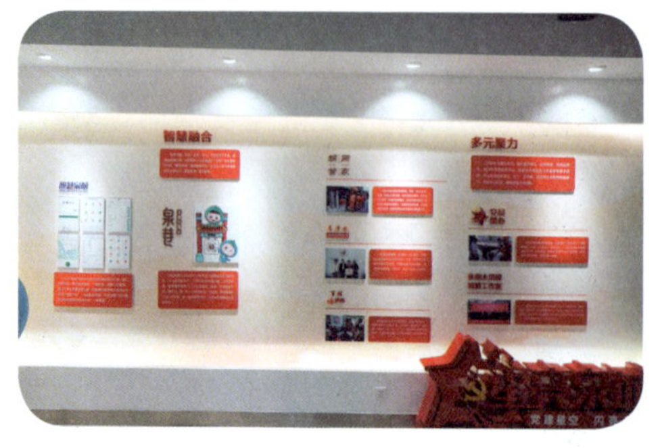

实现了“脏了我一个，干净千万家”的诺言，被评为“泉城最美巾帼劳动者”。

在川流不息、小吃飘香、客流量最大的老街——芙蓉街，学生了解了芙蓉街管理办公室负责人郭进的事迹。郭进每天至少走六个来回，没有周末休息日、节假日。

在贡院墙根社区，学生看到了坚持10多年免费为社区孤寡老人义务理发，默默无闻做出自己最美丽的奉献的孙汉玉。

在有几百年历史的张家大院，诚实守信的经营职业道德模范李进莲为学生讲述张家大院的前世今生，浸润老城古街巷传统文化。学生在领略济南老院老屋老传统的同时，被诚信经营张家大院菜馆的李进莲所感染。

善行义举的故事在这老街巷中蔚然成风，每一份坚持都传承着美德。学生在寻访中潜移默化地受到厚德向善的感染，做一个“好人”是他们成长的目标。

四、月影花影动，心跟月光移——活动评价

作为一个“老济南娃”，我美好的童年在老街巷中回荡，老街巷牵着我的手把我带入而立之年。今日我牵着孩子们的手再次拥入老街巷的怀抱，重温老济南的故事，传承老济南的温情，回眸老街老巷中的童年。孩子、老师、家长心中是一份满足、一份甜美、一份自豪。

济南的老街老巷连接的不仅仅是泉水人家的美景，更连接着善行厚德，这是泉城的淳美。老街巷仿佛就是老城的血脉，魂牵梦绕牵引着一代又一代泉城人，给我们注入作为泉城人的自豪。我们品老城街巷故事，寻城市难忘记忆，感受老济南韵味的同时，感动于街头巷尾的善行义举。

立德树人，借助研学寻访善行义举好榜样，让学生浸润在美德之中，潜移默化地受到厚德向善的感染，进而继承与发扬，这正是对践行社会主义核心价值观掷地有声的诠释。这正是我们的研学初衷和目标。

这次研学我们在学生心中撒下家乡情怀的种子，不管今后他们去往何处，都能忆起儿时的故乡，故乡的景、故乡的人、故乡的情……

（班主任　沈　健）

巡河护泉，小卫士们在行动

——二（1）中队研学活动

德育目标

通过画泉、巡河的活动，使队员们以崭新的视角探寻泉城之美，培养队员们的审美意识、创造能力。

通过赏泉、讲泉的活动，使队员们更深入地了解家乡的泉水文化，增强其热爱家乡的情感。

通过巡河、护泉的活动，进一步唤起队员们的爱水、护水、节水意识，人人争做巡河小卫士。

活动过程

“泉城”济南，“家家泉水，户户垂杨”。泉水汇聚成护城河。护城河宛如一条绿色的丝带，温柔地守候，静静地流淌。我和二（1）中队的队员们，决定一起走近护城河，从另一个角度探寻泉城之美，感受护城河的魅力。

通过商讨，队员们自发组成了三个小队，分别为“画泉队”“讲泉队”“护泉队”。他们明确了各自的寻访任务，兴高采烈地向寻访地奔去。

1.画泉队巡河赏景画中游。

画泉队的巡访第一站是护城河边的九女亭。九女亭因挨着九女泉而得名。看，队员们端坐亭中，先拿出手绘的巡河地图，兴致勃勃地研究着巡河路线。不一会儿，他们又把护城河的美景绘制到了扇子上：亭亭玉立的荷花，碧绿的荷叶，汩汩流淌的清泉，形态各异的亭台石桥。队员们用手中的画笔，绘制了一幅幅栩栩如生的扇面。炎热夏日，丝丝清凉中，两岸美景跃然纸上。

要欣赏护城河的最美风景，当然要乘坐画舫一睹其真容。队员们在黑虎泉站上船，途经南门→泉城广场→趵突泉→西门→五龙潭→大明湖→东门→青龙桥→解放阁→黑虎泉。沿途尽览护城河及两岸美景，真是“舟行碧波上，人在画中游”。队员们在美丽的画舫上，观赏沿途美景，了解船闸的知识，朗诵歌咏关于护城河的诗歌，品尝济南美食。请听大家的热情讴歌：“游船来往似穿梭，两岸迷人景致多。水澈透明观鲤戏，风清爽快送莺歌。株株垂柳摇堤岸，座座楼台晃碧波。诗友词朋交口赞：神州独有此泉河！”

2.讲泉队滔滔不绝展泉韵。

画泉队巡河赏景画中游，讲泉队的小队员们也是你方唱罢我登场。只见他们一行人先来到黑虎泉畔。泉水讲解员王智臻对黑虎泉泉群进行了细致的讲解。黑虎泉，是济南市著名的四大泉群之一。泉水清澈见底，水草翠色幽幽，真是令人心旷神怡。他侃侃而谈，一看就是在研学之前做足了功课。队员们认真聆听，积极抢答，热情高涨。

依泉而行，队员们又来到了白石泉、九女泉边。泉水讲解员马一平上阵。他的声音铿锵有力，队员们都听得仔细又认真。九女泉，泉如其名，温柔秀丽。据传说，其泉水清冽甘美，引得九仙女于风清月明之夜，来这里浣纱沐浴，因此被称为“九女泉”。

继续前行，队员们来到了玛瑙泉边。泉水讲解员高睿翔流利的讲解，让大家忍不住为其点赞。玛瑙泉，在这里是最小最灵动的泉了。玛瑙泉因泉眼竞相涌喷，状若玛瑙而得名。那细细的泉眼，像是金鱼在池底悠闲自在地吐着泡泡，在太阳的照耀下，光彩夺目，如同玛瑙珍珠，流入河中。走近泉水时，大家不由得感叹大自然的神奇灵秀！

黑虎泉作为黑虎泉泉群最大的泉眼，三个虎头向外喷涌，白花花的泉水，似大朵的白莲花，更增添了一份神圣和纯美。泉水讲解员朱瑞婕、赵子龙、王志祯语言幽默，解说细致。队员们收获颇多。

继续前行，泉水讲解员郭天昊、史佳雯、刘啸洋、侯立坤依次向大家讲解了琵琶泉、五莲泉、一虎泉。一个个清澈的泉眼，居然蕴藏着这么多知识呢！以泉水为主题的《水夫毛驴张》《隔窗取水》等铜雕映入眼帘，引起了队员们的浓厚兴趣。朱瑞婕、马一平、史佳雯三位队员的爸爸主动担当起了讲解员，对提问一一作答，现场不时传出阵阵欢笑声。

寻泉结束后，队员们进行了丰富多彩的互动游戏。在高睿翔的悠悠笛声中，他们不由地吟诵起赞美黑虎泉的诗歌：“石磐水府色苍苍，深处浑如黑虎藏。半夜朔风吹石裂，一声清啸月无光。”接下来，王智臻还特意为此次研学进行了书法创作，“黑虎泉”“泉韵”等笔酣墨饱的书法作品，平添了浓浓的文化韵味。随后，大家又进行了贴字的互动游戏。队员们一个个轮番上阵，用丝巾蒙住双眼，在原地转上三圈，手持红字迈步向前，将手中的字贴在画布上。转眼间，一幅“济南好美，济南欢迎你”的美作映入眼帘，这不正显示了大家对泉城、对美好生活的热爱之情吗？

3.护泉队人人争当小卫士。

护泉队的队员们是泉城明珠——护城河的守护者。他们在小广场上庄严宣

誓："我是巡河小卫士，我要为济南的碧水蓝天贡献力量。"小卫士们说到做到。只见他们不顾天气炎热，积极用水网打捞河里的水草、垃圾，主动清理地上的树叶、废物。看着大家手中一袋袋"战利品"，我简单地讲解垃圾分类的知识，引导大家学着分类投放垃圾，将环保行动落到实处。随后，我跟小卫士们来到解放阁——巡河的最后一站。登临解放阁，我向大家介绍解放阁的来历，以及它跟护城河的关系，还带领他们参观了济南战役纪念馆。在长廊上，席梓萌宣读保护护城河倡议书，三位队员夏俪文、郭天昊、马一平向大家介绍了他们了解到的护城河大事件。队员们在解放阁下纷纷表明心意。当年，英勇的解放军战士在解放阁处首先登城，解放了济南，为我们带来了美好、光明的新生活。今天，作为祖国接班人的我们，要继承革命先烈的遗志，巡河护泉，争做环保小卫士。

效果评价

在丰富多彩的巡河活动中，每一位队员都深深地认识到：济南的护城河，是全世界唯一一条由泉水汇流而成的环城河。她用宽厚与仁慈、坚韧与博远，滋养着万物草木，哺育着家乡百姓。对队员们来说，每一次的靠近、聆听、拥抱，都是泉城儿女获得精神升华、情感熏陶、境界提升的所在。

队员们用心聆听，慧眼寻访，真切地感受到护城河两岸泉城济南的发展变化。护城河的变化正是我们泉城飞速发展的缩影。队员们对党、对祖国、对家乡的热爱之情油然而生。

在这次巡河护泉研学活动中，队员们文明践行，实践探索，求知创造，立志畅谈，时时处处彰显出他们的成长进步。巡河小卫士们，让我们筑梦再出发！

（班主任　张晓燕）

“纸”爱泉城美

——科技节活动案例

当科技创新与“童趣泉城”德育实践活动课程相结合，会碰撞出怎样的火花？当探究创造融入我们的生活，又会引起怎样的化学反应？红领巾创未来，济南市青龙街小学的小“创客”们与纸“对话”，创意无限！

与纸牵手

故事还是要从学校“纸雕塑”校本课程说起。队员们在老师的带领下，玩起了关于纸的花样。队员们通过折一折、插一插，一个个生动形象的精美作品在手指间呈现。围绕纸的创造，全校队员都行动起来，低年级是折纸画，中年级是衍纸艺术，高年级是三角插，就连红领巾社团也设有中国传统纸工艺——剪纸。队员们在动手动脑间，给纸赋予了新的生命。

就在一次学校大队委员工作会议上，队干部们讨论着如何开展本次科技节活动时，有的队员就提议能否用纸来进行创造，利用纸打造美丽泉城景象。围绕这个话题，队干部们展开了激烈的讨论。五（4）中队的程记源兴奋地说：“我们中队参加过‘三角插’创意展示活动，将普通的彩纸折成一个个三角状，然后拼插成各式各样的造型，有孔雀、龙、花篮、水瓶等，这些都是大家创造出来

的。”六（4）中队的朱恩琪不同意这个观点，她提出：“三角插、衍纸等都是美术作品，不能和科技创新挂钩吧？”四（2）中队的宋文钰说：“队员们将普通的纸转化为不同的作品，算不算是创造呢？”辅导员李老师适时引导：“科技与艺术本来就不冲突。科学思维和艺术思维虽然方向不同，但存在融合相通、互补的一面。我认为我们可以尝试。”交流中，队员们还发现，纸看似普通，却有很多值得去探究的地方。五（1）中队的蒋雨宸说：“纸的历史悠久，种类繁多，用途也很广。纸都有哪些特性呢？我们利用纸可以做些什么呢？”一连串的问题让队干部们对纸产生了浓厚的兴趣。与纸牵手，这场与纸有关的红领巾创未来活动，就这样开始了……

探秘纸的学问

于是，队干部们决定要从认识纸做起，开展关于纸的探究实践活动。队员们决定走出校园，先到市场、文具店等地去寻找生活中的纸。

在小商品市场、纸业专卖店、文具店、银行里，队员们发现了各种各样的纸。有卫生纸、本子纸、宣纸、厨房用纸、壁纸、纸币等，每种纸摸起来都不同。走进纸业专卖店，发现店里摆满了生活中所用到的各种卫生纸。纸业专卖店的店长介绍:“单是卫生纸的种类就有很多，主要按照纸的原浆材料区分。现在都讲究环保，最值得推荐的就是由麦秆制成的卫生纸，这是废物再利用的产物。”店长叔叔还告诉队员们，现在中国对环保监管特别严格，造纸厂必须购买符合一定标准的环保设备，才能进行加工生产，而环保设备是非常贵的，所以一般小工厂是无法加工这类卫生纸张的。

听到这里，队员们纷纷表示，保护生态环境是每一个人的责任，环保行动要从点点滴滴做起。

在银行里，队员们接受了识别假币的培训，了解到了真正的纸币中涵盖着各种高科技的防造假技术。队员们也由此认识到纸中的学问可真是太多了。

在社会实践过程中，正逢山东省纸业博览会举办，队员们在辅导员的带领下，又来到了纸业展览区探寻纸的奥秘。从纸的制造到纸张的加工、装饰，再到纸的种类，队员们对纸又产生了新的认识。

在与各个展区工作人员的交流中，队员们了解到了很多关于纸的知识。现在科技发展迅速，各种材质、样式的纸都能被制造出来。可是通过了解得知，大多数高科技的纸张制造技术却是从国外引进的。每一位为队员们解说的工作人员，到最后都感慨道：“一定要好好学习，大胆创新钻研，让中国科技永不止步！”

畅游纸的海洋

以“‘纸’爱泉城美”为主题的青龙街小学红领巾创未来活动，融合了科技与艺术，借助学校依护城河而居的地理优势，以“泉城美”为主线，用纸来创造和诠释队员们对家乡的热爱。

在展示大家创意作品的当天，参观者一进校门，就被富有泉城元素的城堡所吸引，一下子被带入了纸的世界。“纸”向你诉说、“纸”为你解密、

“纸”因你最美、“纸”有你精彩、“纸”和你相约、“纸”邀你挑战……丰富多彩的体验探究活动，让队员们在纸的海洋中快乐畅游。

“纸”向你诉说区域，展示了队员在课余时间所开展的各项探究纸的实践活动以及探究成果，从纸的前世今生、纸的种类、纸的家族、纸的奥秘等角度为参观者们介绍纸，让大家通过亲身感受，真正认识纸，走进纸的世界。展示中，小“创客”们还带来了古法造纸术，带着大家一起参与体验。古法造纸术也让他们玩起了创意，在“抄纸”工序的基础上根据自己的喜好装饰干花、撒上颜料、添加小装饰等，变成带有花样的纸。在今天盛大的科技创新展示盛会上，一个个小小纸业探究家各显神通，对纸津津乐道。

“纸”有你精彩区域展示的是一个个纸盒微景观。废旧的纸盒在队员们的手中，通过再创造，变成了一个个好玩又富有主题意义的微景观，如中国梦、新时代、家乡美、生态环境等主题，尤其是济南的老街老巷、古老的四合院建筑等作品，彰显了队员们的动手动脑能力以及创造才能，让人眼前一亮。

“纸”因你最美，展示的则是队员们用纸制作的服装秀表演。与其他用废旧物品制作服装不同，青龙街小学的小“创客”们全部采用的是废旧纸张，而且每一件衣服的制作都充分考虑到了各种纸的特性，无须过多的修饰，简单而自然，尽显美的存在。这是科技与艺术完美结合的产物，或剪，或缝，或聚，或分……不起眼的纸张，在队员们的手中华丽转身。队员们化腐朽为神奇，将它们

变成美丽的衣裳，赋予它们荷花映衬、柳枝缠绕、泉水若隐若现的泉城元素。更有美丽公主系列、大家超级喜爱的动画人物、绿色环保主题等服装秀带给了大家时装盛宴。

此外，衍纸、三角插、纸立体雕塑、纸面具等形式多样的艺术作品，为整个科技节活动增添了许多“美色”。

“纸”爱泉城美

活动结束后，小“创客”们再次发挥聪明才智：有的把参与活动的感受用诗创造出来；有的为本次活动设计了标志；还有的队员在活动后主动找到辅导员老师，申请当下一届活动的小主持。队员们是活动的小主人，在活动中提高了自身的动手动脑能力，充分展示了自己的作品。队员们用纸创作，发挥想象，充分诠释了济南的美景，抒发了自己热爱家乡的情

感，让此次科技节变得别有韵味。

通过活动，队员们还获得成功的喜悦，树立了较强的自信心。你看，他们的活动感受，更能表达对此次红领巾创未来活动的喜爱。三（2）中队赵泽坤表示："我在活动中收获了知识、自信与快乐，我越来越喜欢创造了！我身为学校机器人社团的一员，一定要发挥这种创造精神，为学校争得荣誉，成为一名真正的科技小达人。"五（1）中队刘奕君说："看似很普通的纸，却被我们玩出了这么多花样；看似普通的纸，奥秘竟然有这么多。感谢学校搭建的平台，让我们在纸的海洋中畅游，丰富了我的课余生活，让我尽情发挥想象，智创未来！"

一张张看似普通的纸，在青龙街小学红领巾小"创客"的探究实践、动手动脑中，被玩出了新花样。这场与纸"对话"的创造盛宴，助力队员们在科技追梦路上永不止步！

（大队辅导员　李　暖）

第四章 课程效果：缤纷诗意童年

教育与课程共成长，交互的力量不期而遇。当教育者致力于做一个“优秀的课程设计师”，有兴趣的学习就发生了；当教育者致力于成为“儿童体验式学习活动的建设者”，帮助孩子们在老城研学中聚焦、沉浸、思维流淌，有深度的学习就发生了；当教育者致力于成为“乡情文化的引领者”，引导孩子们在实践中学会共处、有效协作，有温度的学习就发生了……今天的青龙街小学，践行的是“小校园，大教育”。无论是超然楼前的诵春展示、十个栩栩如生的代表性纸艺微缩景观，还是孩子们绘制的一幅幅老街巷故居地图、创编的一个个独具韵味的泉水故事，无不体现着教学相长的成就感。校园用另一种姿态成为他们童年中美好的记忆。一切始于足下、笔下、眼中、口中，最终留于心间，滋养学生们渐行渐广的学习之旅。

发现进步

润物细无声，是教育的最高境界。课程营造了充满温情与智慧的生命场。师生的点滴进步都是课程的最大收获。

一块高粱饴

“五一”节过后的一天早上，阳光明媚，鸟语花香。我站在校门口值勤。望着孩子们三三两两背着书包欢快地走进校园，我猜测，这个假期孩子们一定过得充实又快乐。

“老师好！这个，这个给您。”这时，一个大男孩来到我的面前，把一块糖塞到我的手里。还没等我反应过来，他已经快速地离开了。

咦？这不是我上学期代过课的那个班里的小彬吗？平时他性格有点儿孤僻，不太爱说话，总是自己玩自己的，没有什么朋友，每次见到我也只是冲我摆两下手，今天这是怎么了？我怔怔地看着手心里的那块糖。呀！原来是一块高粱饴。那米黄色的糖纸上写着三个红红的大字“高粱饴”。这可是我小时候的最爱。每逢过年，妈妈总要准备一些象征一年甜甜蜜蜜的高粱饴软糖。我最喜欢把高粱饴拉得长长的，一点一点送入口中，担心一下子吃完就没有了，所以留有余地。回到办公室后，我把这块勾起我无限遐想的糖摆在了办公桌最显眼的位置上。

下午放学值勤时，看到了来接孩子的小彬妈妈，我开玩笑地说起小彬送

我高粱饴的事。小彬妈妈高兴地说："还要感谢学校4月30日组织的研学活动。在研究美食文化的时候，他们班的同学拽着小彬一起走访老街巷和商铺。他们组的同学对山东的土特产这一块儿特别感兴趣，对糖酥煎饼、乐陵小枣、高粱饴和济南油旋等进行了深入的研究。在整个调查研究中，同学们一路拉着小彬，互帮互助，不仅收获了研究成果，更让小彬感受到了来自集体的温暖，他很开心。而小彬最喜欢的是咱们山东的特产——高粱饴。"小彬妈妈继续说道："这不，假期中，这孩子又让我带着他走了一遍他们研学的路线，还让我买了一大包高粱饴，说要分给同学和老师吃呢！我发现啊，通过这次研学活动，小彬变得开朗了，话也比以前多了……"听着小彬妈妈开心得有些絮叨的话语，我笑了。

回到办公室，我轻轻地剥开那块久违的高粱饴，那是一块长方体半透明的软糖，抹着一层白粉，外面裹着薄薄的糯米纸。剥下糯米纸放到舌尖上，不一会儿它就融化了，明明无味，却总觉得它是甜滋滋的。咬下去，这块糖真是又香甜又软糯，这是一种自然纯正、恰到好处的香甜，不刺喉，不腻味，也不粘牙。含一颗高粱饴在口中的感觉，我只能用这两个词来形容了——幸福、安心。此时，又平添了一种开心的味道——那是这次研学活动带来的。它让一个原本内向腼腆、有点儿孤僻的男孩在同学们的陪伴下，带着兴趣参与活动，带着问题去调查研究，享受活动成果，更让他有了自信和快乐。孩子们用自己的视角去观察了解，分析研究。在感悟与体会的同时，孩子们在不断成长。我想：这便是我们组织研学活动的初衷之一吧！

（教导处主任　段　华）

那道最靓的风景

一丛丛、一簇簇的蔷薇花，盛开在仿若丝绒一般格外绿、格外厚的叶墙上，开得那样盛，那样艳，密密匝匝的花朵铺满了整个画面。一对少先队员身着藏蓝西装点缀其间，女孩席地而坐，膝铺画板，男孩凑近女孩，目视相机，他们正对着刚刚抓拍的镜头讨论着什么……那份恬淡的微笑、那份专注的神情掩映于花丛中，是那么和谐，那么美好……

每每凝视这张照片，大明湖寻绿研学之旅的精彩便会在脑海中浮现……

那天，太阳微笑着，挥洒着最柔美的光晕，天空蓝得像是被蓝色蜡笔涂抹出来的一般。大明湖，绿草，花簇，流水，古亭，汇成小桥流水人家的诗意画卷。一只蜜蜂在其中踱着步，唱着歌……

它经过我的眼前，落在了男孩的肩头。

“老师，摄影是有艺术的，用对角线和三角形构图可以给照片增添动态的张力，让照片看起来更活泼。照片本身是一个平面，但如果在画面中加一个前景，以广角拍摄，就会出现一种纵深感，从而达到3D的效果。”男孩挂着两个黑眼圈，一只手攥着小拳头，一只手举着相机向我说道，骄傲而略带青涩的话语将我从美中唤回。

“真不错，你是从哪儿学的呀？”我问。

“我昨天研究这些书研究了好久呢。”说着，他从书包中拽出几本折着角的书本。

男孩在班里学习很认真，也很爱读书，即使是课间也总爱趴在桌子上闷着头读各种各样的书。

“那赶紧和小伙伴们用相机把美景记录下来吧。”

男孩抱着和他半个身子一样大的相机出发了。

作为这个班的班主任，我知道这些孩子们都很优秀，都有着一颗热爱美好的心，但平时囿于课堂和书本，难得有和美好的济南、美好的自然零距离接触的机会。借着这次研学活动，正好可以打开他们与家乡之间的那一扇窗。

曲径通幽，兜兜转转，我来到一片花丛旁，远远地又看见了小男孩和他的组员们。

“小蜜蜂到这里就不见了呀！”

“刚才它落在花上多美啊！可惜我们拍虚了。”

“对不起……我一直忙活着调整角度，没注意小蜜蜂很快就飞走了，是我没拍好。”男孩作为团队里的小摄影师，有些自责。

“书本里知识很全，但什么事都有知识和实践两面啊！正好让这些小家伙动动手，实践实践。”我暗自想道。

“没关系呀，咱一起再找找。”组员们说。

我眼前的花朵开放得正好，粉红的花儿娇艳欲滴，恰似仙女。微风吹过，“仙女们”摇曳裙摆，芬芳扑鼻。倏忽间，那只黄色蜜蜂落在我身旁的花簇上。

“同学们，小蜜蜂在这儿呢！”我呼唤着前面的男孩和他的组员们。他们听见我的呼喊，一个个欢天喜地地奔过来。

男孩再次举起了相机，迅速找准角度，按下快门。

抓拍成功的喜悦立马传递到了每个角落，正在写生的孩子也被吸引，被感染。这个自然精灵的美，就永远地留在了男孩的照片里，也永远留在了同学们的心田里。

半天的时间一晃就过去了，同学们个个举着自己的照片或写生画，脸上洋溢着幸福的笑容。

我们是否真真正正地了解、亲近我们的家乡泉城，是否真真正正地用手碰触过花朵，是否真真正正地融入过我们身边美好的自然呢？我想，今天这些小家伙们真真正正地做到了。

游离的目光再次定格到这张照片，被花儿映红的两张稚气的脸庞，溢出的是天真无邪的美，是专注求学的美，是与大自然的生命共同成长的美。愿他们能不断地用一颗真挚的心去感受生活，追逐梦想，成为世界上那道最靓的风景！

（班主任　刘爱华）

眼中的那抹光亮

——记秋日研学活动

秋天的济南，是上帝馈赠给人类的一幅画卷，湖山美景做伴，波光潋滟相随。在这一年中最惬意的时节里，学校“童趣泉城”研学活动开始了。济南乃泉城，水多则桥多，大明湖公园的桥尤其多，所以这次我们三年级二班的研学任务是在大明湖“寻桥”。

在计划分工时，班主任王老师经过再三考虑，把小博安排到我所带的学生小组里。提到小博，学校里的很多师生都很熟悉。小博早期被诊断为多动症。多动症又称注意力缺陷多动障碍，其本质是一种由注意力缺陷导致的认知及脑功能障碍。在平时的课堂上，他很难集中注意力，自控能力差，经常手脚动个不停或者在座位上扭动，在应该安静坐着的时候擅自离开座位，到处乱跑乱跳。在跟同学相处的时候，他经常侵扰他人，很容易被同伴间的玩笑惹怒……其实，在研学出发前，想到大明湖游人如织，区域内水道纵横，湖边又没有护栏，带着其他学生都得格外留神，何况再带着小博呢！真是让人头疼，心里不禁给自己捏了一把汗！

研学出发之前，全校学生在操场集合。班里的学生整齐地排着队，安静等候，除了小博。只见他一会儿像个兔子似的蹦蹦跳跳，一会儿碰碰这个同学，一会儿戳戳那个同学，再想到他平时在课堂上的一系列行为，我再次紧皱眉头，忧心忡忡：万一小博在大明湖研学中出什么安全问题，可怎么是好……

临行前，再次清点所带的小组人数。“哎！小博怎么不见了？去哪里了？”即将出发，却少了个学生，我赶紧去找班主任王老师询问。正当我俩急得像热锅上的蚂蚁时，小博终于出现了。只见他手里拎了个大方便袋，笑嘻嘻地飞奔过来。“你去哪里啦？”我厉声问道。他抬起头，不紧不慢地说道：“刚才下来时，我忘记把零食带下来了，我回教室拿零食去了。”“什么？为了零食就偷溜回教室？为什么不跟老师说一声？”“这是我给班里同学们拿的，好让他们在研学累了的时候吃。”小博略带委屈地说。噢，原来是小博要分享给同学们的……

学校离大明湖很近，一会儿工夫，研学的队伍已经来到大明湖畔。秋天的大明湖是静谧的，水平如镜，漂浮着泛黄的柳叶，带着一丝江南水乡的温婉。

研学任务——“寻桥”开始了。孩子们踩着湖边树荫漏下的一地光斑，踏着落叶，一个个兴奋地寻起诗人曾巩笔下的“七桥风月”了。

除了组织好学生小组“寻桥”，我的眼睛重点盯在小博身上。只见小博一路上满脸的兴奋，眼眸里透着光亮，开心得手舞足蹈。我稍不留神，他就跑到队伍外面去了，我赶紧提醒他归队，并鼓励他：“小博，你看大明湖的游人很多，在这里面一定要跟着小组，注意安全。我相信，你可以提醒并管好自己。另外，我牵着你的手走，好吗？”小博听后若有所思地点点头，虽然眼睛还是到处乱溜，但是我能感觉到他把我的话听进去了。就这样，为了避免危险，我牵着小博的手，在湖水边继续“寻桥”……

摇曳的树影和多彩的阳光嬉戏，倒映在平静的湖面上，一派祥和。漫步桥上，桥西亭廊临水，景色如画。

“张老师，可以不用牵着手，我自己走，好吗？我会好好遵守纪律的。”只见小博眼睛瞧着四周，对我说。“好啊，一定要注意安全。知道吗？”我回应道。“太好了！”他听后兴奋地跳起来……

堤柳夹岸，众桥如玉带飘逸，似霓虹卧波。在接下来的“寻桥”活动中，小博拿着研学任务单，跟着组内同学，既安静又专心地观察记录。只见他时而和同学交流关于桥的知识，时而好奇地问问老师自己不懂的问题。在休息的片刻，他还主动拿出自己带的小食品和同学分享，还关心地走到我的跟前问我需不需要……看到眼前这一幕，看到专注研学的小博，我不由得想：这还是那个在课堂上从来坐不住的小博吗？

细数桥边花飘落，亭榭点缀下的大明湖，向熙熙攘攘的游人们诉说着济南老城区的格调。时光在孩子们探究“寻桥”的纸笔间溜走。研学结束后，孩子们在返校的路上开心地分享着各自的见闻。这时，小博来到我的跟前，蹦跳着对我说：“张老师，这次研学太有趣了，我喜欢研学。”

这次和学生一起研学的经历，带给了我很多启发和思考：

为什么一个在教室课堂上的“多动”学生，在研学中可以如此投入……在查阅了与研学相关的很多资料之后，不禁感叹研学这种把研究性学习和旅行体验相结合的校外教育活动，对学生的成长竟起到如此大的作用。

秋风吹起 ，落叶斑斓，掀起层层美景。研学活动虽已结束，可是小博研学时眼中的那抹光亮，却时时在我心里闪烁，纯净又美好。

附：小博的研学日记

9月30日　星期天　晴

研学游——寻桥

今天，我和同学们一起去大明湖寻桥。

今天，我来到学校，来到班级里，看见教室后面站着几位家长。我知道他们来，是不让我们乱跑。我和同学们整队去操场集合，然后一个个班级走出校门去大明湖寻桥。我们到大明湖后，分组。每个组去不同的地方去寻桥。我们组找到了许多桥，有北门桥、芙蓉桥、九弯桥、东峡桥、齐音桥……我喜欢芙蓉桥。芙蓉桥远远望去像一条巨龙盘踞在湖面上。我们走到桥上，桥面很平坦。我们走在上面有说有笑，欣赏着湖面的美景。我们在一起拍照留念，大声喊出口号：“我们最棒！”

今天的活动我学会了很多关于桥的知识，受益匪浅。希望下次和同学们一起去别的地方研学。

（语文教师　张红燕）

“百度”不到的情感

百度地点

“探寻济南老街巷的老故事”是我们班的研学主题。到哪儿好呢？我先在班里招聘小小研究员，参加主题的设计。同学们七嘴八舌地提建议，纷纷上百度查找“济南的老故事”。在了解到明府城、百花洲、曲水亭街、芙蓉街等老街巷蕴含着很多老故事后，我们决定去寻访明府城中的曲水亭街和西更道街等老街巷。大家从百度上了解了很多济南老街巷的异人趣事，晚上都激动地睡不着觉，都很想去寻踪觅迹，寻源溯本。那就出发吧！

有点失望

到了曲水亭街，满眼是胜似江南的景色，小溪弯弯，家家临河，户户垂柳。面对如此美景，同学们还是难掩心中的失望之情。

李贺瞪大了疑惑的眼睛问我：“老师，咱们今天来寻找济南老街巷的故事，我可做了不少准备。‘度娘’是这样描述曲水亭街当年盛况的：‘北魏时期，济南士大夫在曲水亭街附近建起了曲水流杯池。’这曲水流杯池在哪里？”“对呀！对呀！‘度娘’还说，每年农历三月初三各地文人都会来这里聚会，大摆宴席，大家将倒满酒的杯子放在托盘上，然后将托盘放在流杯池的水面上，顺水漂流。”“老师，您知道吗？昨晚我还做了一个梦，那托盘漂到拐弯处就停下来，我端起杯子一口气就把酒给喝了，然后还说了句‘好酒’呢！”王景怡一边说还一边发出了“吧唧”的声音，好像他真的喝到了似的。大家都被他给说乐了，笑成一片。“老师啊，现实击破了我金子般的梦。曲水亭街依旧在，曲水流觞何处寻？”“你别做梦了，那都是老早之前的事了，现在哪还有啊！再美好，也只能去梦里找喽。”“唉……”一声声的叹息声响起，“老师，这样美好的事真的已经不复存在了吗？”这时我想到了很多，放眼望去，与曲水亭街相连有不少毛细血管一样的小巷，各有特色和人文气息。那怎么走都好像走不到头的西更道街上，曾经可能有一位矮小的老人，提着红红暖暖的灯笼，嘴里连声喊着：“平安无事喽！”“小心火烛喽！”拉着长音，悠悠荡荡，还似在耳旁，如今却无处可寻！泮壁街那个俏丽的月亮门如一面镜子，也曾经有无数过往的行人停下，正正自己的衣冠，只是如今小巷犹在，朱颜已改，唯有洞穿的夕阳，留下几缕温暖的怀念与眷恋。曾经的美景依旧在，真正的老济南的味道却到哪里去了呢？我的心像被敲击着，像那树梢上仅存的一两片树叶在颤动。

这时一个女生清脆地说道："为什么要到梦中去找呢？咱们自己来一次曲水流觞不就行了？"

学生们争先恐后地说："对！对！我建议在曲水亭街沿着河道专门建一处较窄的水道，类似苏州园林那样。水道两边错落有致地围上天然的石墩，供游人坐卧。""还要租给游客汉服，身穿汉服才会有身临其境之感。荷花托盘上放上酒杯，顺流而下。上游的喷泉全息投影介绍济南的老故事，那该多美啊！"我们班的"小马云"马上接口道："这还不够！我还要把水中漂流的酒杯设计成透明且密封的，酒杯里放上啤酒、鲜榨果汁、可乐、冰激凌、酸奶等，游客可以扫码打开，既让游客体验了传统文化，品尝了美食，我还能赚个盆满钵满，哈哈哈……"大家都对他脑洞大开的奇葩设想啧啧赞叹。

"对！说得好！"我兴奋地对同学们说，"我们要让老济南的文化、我们城市的根本重新展示在世人的眼中，让曲水流觞重现，让打更之声重响，让市民们、游客们都来体验并将这种文化传承下去。那时我们再也不用痴痴地寻找，它会以一种难以用笔墨形容的姿态，扑入我们的眼，进入每个人的心里。"同学们的眼睛亮了，胸中涌动着一股莫名激动的情感……

看得见的成长

研学回来后，学生们纷纷制作了手抄报，上面有歪歪扭扭的老街巷的绘画，有关于老街巷的故事，有自己的研学体会……

“济南景色美美哒，故事也美美哒！”

“我的泉城我的家，故事代代讲不完。童趣实践实在好，泉水滋养我心田。”

“我爱我的家乡。虽然有很多老故事已无处可寻，但我要把它们讲给别人听，让更多的人知道。就像老师说的，把济南的文化、济南的魂传承下去。”

“研学在路上，且行且思考。”

稚嫩的表达流露着他们的情感。从这些文字中，我看到了通过研学，学生们了解了很多家乡老街巷的故事，其中有很多连我都不知道。而且他们更加热爱自己的家乡了。最令人欣喜的是，他们还学会了思考，更有了自己的希望和梦想。这种家国情怀、责任感、使命感，是“百度”不到的情感啊！这也是研学带给学生们心灵上的收获！

（班主任　颜　颖）

交互的力量不期而遇

——我与课程共成长

我作为“童趣泉城”德育实践活动课程设计者与参与者中的一员，一开始思考的基点是怎样依靠已有的教学资源，凭借自己的活动设计，促进学生成长。而随着课程研学活动的进行，这固化的思考根脉迎来了新的生机……

寻觅，遗失了美好

大明湖畔边，排成两列纵队行进中的学生们看到了怎样的情景，让他们不约而同地嘴角上扬，自发地鼓起了掌？我听着掌声，循着学生们目光所聚的方向看去，只见几位老者正各自操着不同的民乐乐器，怡然自得地演奏着：二胡悠扬盈耳，琵琶玉珠走盘，笛子银铃悦耳，小鼓铿锵顿挫……老者们听到孩子们的掌声都微笑示意，弹奏间多了一份力量，像是在回馈孩子们的掌声。多么令人动容的美好瞬间。而作为班主任的我，对于学生们这善意的举动，只是给予了目光肯定，接着挥手示意学生们继续前进，不要停留，阻断了学生与老者更多交流的可能，只顾继续步履匆匆赶往我们的目的地。

这就是2018年9月30日的上午，我第一次带领学生们进行“童趣泉城”研学时在路上的所遇。之后我们穿越大明湖风景区，由东向西寻访了老舍纪念馆、秋柳园、曾巩纪念祠以及辛弃疾纪念祠。我们这队人马浩浩荡荡、匆匆忙忙，赶赴目的地成了唯一目标。当时的我只想着带领学生在一上午的时间尽可能多地走访故居或纪念祠，共同亲历走访过程，共同感受纪念祠的氛围，而忽视了在这个过程中隐性的情境性的教育资源。我们路遇的老者，他们是泉城生活的老一辈创造者和见证者，他们将文艺风采与生活之趣自然结合，展现着泉城生活的一部分精神内核。这恰恰也是现在的人们在快节奏生活中所忽略的。

聚焦，人景两相宜

大半年后，2019年4月30日上午，我们第二次以班级为单位进行“童趣泉城”研学。我们不再盲目铺开，贪图多去几个寻访地点，而是聚焦趵突泉公园中地理位置较近的泉群，以泉为台，尽显其韵。

在皇华泉边，一组的队员们分享了泉名的出处；在卧牛泉边，二组的队员们朗诵了《吟卧牛泉》，展现了今昔泉景对比；在老金线泉边，四组的队员们朗读了清代文学家刘鹗在《老残游记》中关于金线泉的选段，朗诵了曾巩的诗作《金线泉》；在马跑泉边，五组的队员们讲述了关胜抗金保城的故事；在漱玉泉边，六组的队员们讲述了漱玉泉的美丽传说……静谧的泉水就在那里，游客

往来如织。望着学生们投入的样子，我更加明白了人与景交互作用的巨大。

拓展，交互见真章

各小组在泉群边的展示活动结束后，我们又进行了调查活动。不同于初次带领学生进行“童趣泉城”德育实践活动课程的研学，这次我的关注点进行了拓展。不只是着眼于泉城人文或自然地域性资源能给学生带来什么，还会思忖我和学生通过课程活动的实践能带给泉城什么。人与泉城是相互影响相互促进的，不同的人们是怎样认识泉城的？是怎样为泉城贡献力量的？调查活动就是交互力量的展现手段。

趵突泉风景区不仅仅是一处泉城的著名景点，它更承载着泉文化，是泉城的文化名片。作为济南人的我们——我与我的学生们，精心制作了三个版本的调查问卷，分别为市民版、游客版、泉水版。我们想通过问卷来了解不同游客对趵突泉或对泉城的认识与看法，促使我们更好地关注泉水的保护与发展，关注泉城的现在与未来。

领到调查问卷的学生们跃跃欲试，在几名家委会家长的带领下四散到园区中。我也穿梭其间，“跟踪”学生们分发和回收调查问卷的情况。虽然有的游客大手一挥拒绝填写问卷，但绝大多数游客是很乐意参与的。当看到遭到拒绝的孩子，仍能大方自信地与另外的游客交流，我颇为欣慰。有两位老奶奶

结伴来游玩，她们是来济南看儿女的，平日里生活在农村，不怎么识字。学生看看已经递到老奶奶手中的问卷，然后微笑着说："我来念给你们听。"学生一边徐徐念着问卷上的题目，一边用手指着问卷上相应的位置。三位原本不认识的隔代人，在那一刻，目光都聚集在了一份问卷上，他们因一份问卷而联系在了一起。调查问卷活动使学生在享受赏景之趣的基础上也体会到认知更新之趣。正是基于这样的认识，我与学生穿梭在园区中，与泉为伴，与八方来客为伴，探寻更多的隐性信息与资源。

成长，亦不期而遇

在进行"童趣泉城"德育实践活动课程的过程中，我与课程共成长。我曾遗落了那么多的隐性课程资源，到现在学会将"人"纳入课程中来，展现出交互的力量。我关于课程的思考与定位亦由单向转为双向，由固化转为勃发。由此将课程的目标与价值更生动地彰显在研学的过程中，内化于学生的心灵中，外化于学生的行动中。在课程研学活动中，我与交互的力量不期而遇，这也正是课程带给我的不期而遇的成长。

（班主任　吕　娜）

最美的自己在路上

开学初，当得知全校师生本学期将走出校园，开启“童趣泉城”研学之旅时，作为一名年轻教师，我特别期待。我是第一次经历研学课程的设计。研学要让孩子们在玩中学，因此整个行程的设计要有非常高的水平。怎样才能让孩子们顺着我暗藏的点来吸收知识，而且要和趣味性结合起来呢？这是一门科学，我会在实践中求索。

小的时候，我们总畅想能够走出家乡，到未知的远方去看看，却往往忽略了我们足下的地方正是别人眼中的“远方”。探寻远方，从认识家乡开始。

困　惑

第一次带全体学生出去参加研学活动，我有慌乱也有困惑。我和家长一起商量，制订详细的研学方案。如何设计每一个环节让学生有所收获，是一个技术性更高的问题。有的家长建议带着孩子们走进大自然倾听、触摸、观察、体验；有的家长认为孩子性格比较活泼，担心外出研学时孩子关注的重点不在学上，所以希望可以有讲解员以边讲解边互动的形式带领孩子们更深入地了解知识。我在对学生进行深入分析后，决定由讲解员带领孩子们一起参加这次活动。活动前期，我在对学生以及家长进行宣传时，也遇到了尺寸把握上的问题。家长也提出了诸多问题。面对家长们的疑问，我做了详细解答。唯有对研学的效果无法跟家长保证，毕竟孩子们是第一次走出校园，进行实地研学。孩子们的关注点会落在哪里？是纯粹的玩，还是带着兴趣去探究？这些都需要孩子们实地验证才可以答复。于是我回复家长："研学成功，孩子们收获满满；研学不如意，用心总结，做出深刻反思，开辟更好的学习之路。"

感　动

历下区内多水，水又千回百转，诗意盎然，大明湖尤其如此。大明湖是济南的象征和代表，让济南多了一份湿润和妩媚。走进大明湖，澄碧的水波倒映着亭台楼榭，扶疏的花木装点了回廊小径。她如一颗明珠，镶嵌在济南的中心，为济南城增添了灵秀之气，赢得"四面荷花三面柳，一城山色半城湖"的美誉。

大明湖的美世人皆知，吸引了历代文人墨客。因此，我将本次活动主题定为"诗韵"研学。本次活动特别邀请了两名专业讲解员，为队员们讲解大明湖的历史和今天。在讲解过程中不乏互动，一次次精彩的提问，一段段妙语连珠的解答，使家长和孩子们都参与其中，受益良多。"人生易老天难老，岁岁重阳，今

又重阳，战地黄花分外香。一年一度秋风劲，不似春光，胜似春光，寥廓江天万里霜。”在毛泽东主席亲手书写的《采桑子·重阳》影壁墙前，队员们齐声背诵。漫步湖边，每到一处景点，大家便开始研究此处的历史典故和诗词对联。欣赏着眼前的美景，享受着阵阵鸟鸣，心中涌动着难得的放松与自在。或许，大明湖的魅力就在于此吧！

这次实践活动课程给我留下很深的印象。很多孩子告诉我原来来过无数次

的大明湖竟然有这么多的故事，让他们学到了很多课本上学不到的知识。我想，这已经在孩子们幼小的心里种下了传承的种子，希望孩子们能认真学习济南的历史，热爱家乡，讲好济南的美丽故事。

洗　礼

所谓实践活动，就是立足自己的家乡，放眼全世界。通过开展这次“童趣泉城”德育实践活动课程，我收获很多。不仅仅是了解了大明湖的前世今生，还

有很多的教学理念、教学思想上的收获。本次实践活动课程，激发了学生的好奇心，更为学生未来行走更远的地方做好准备。这次实践活动和旅行有效结合，让学生发现了家乡的美，进一步理解了“去远方”更意味着文化与心灵的远行。来吧，迈出的第一步，就是探索未知的开始。读万卷书，可以获得间接的经验；行万里路，可以获得直接的经验。这些经验，是学生阅读创作的基石。

学生校外的实践活动，是课程化的行万里路。对我来说，更是一次心灵的洗礼。最美的自己在路上。感谢这次“童趣泉城”德育实践活动课程带给我前所未有的体验，让我对课程有了全新的认识。我也会将学校实践活动课程的理念延续下去。愿这次活动让我在今后的学习与生活中，更自信，更从容，更有智慧！

（班主任　吴晓莹）

见证成长

给成长留下一份纪念，让生命奏出动听的声音。每一件作品都记录着一份情、一个梦。

童心绘泉城

（四年级三班　孙悠然）

（四年级三班　高　越）

（二年级三班　史筱璇）

（四年级四班　崔诗冉）

（二年级一班　王紫茗）

（学生纸工社团）

（学生纸工社团）

（五年级四班　王贺玉）

（五年级二班　刘力菲）

（六年级四班　张馨月）

（一年级二班　甄　曦）

（学生纸工社团）

（学生纸工社团）

（学生纸工社团）

（学生纸工社团）

指导教师：匡　玫　唐天意　冯薏璇　郭　廓

童心写泉城

泉畔的哨声

我从小生活在黑虎泉畔，经常到黑虎泉玩儿。走在光滑整洁的青石板路上，呼吸着清新的空气，观赏着郁郁葱葱的柳树，品尝着清澈甘甜的泉水，心情舒畅极了。

今天，我和几位同学再次来到黑虎泉边。走着走着，忽然从白石泉那边隐隐约约传来几声哨声。我们跑过去一看，是一位老爷爷在吹哨。老爷爷头发花白，红润的脸庞上只有很浅的皱纹，看起来精神抖擞，额头上有密密的汗珠，可是眼睛在一眨不眨地盯着路边的行人和在白石泉边打水的人们。他一会儿坐在青石路边的板凳上，眼睛不时地巡视周围；一会儿起身走向玩水枪的小孩，焦急地摆手吹起哨子；一会儿笑眯眯地注视着打水的人们，不时地和人们打招呼。我脑子里冒出很多问号：老爷爷是谁？他在做什么？他为什么不时地吹哨子？他为什么一会儿严肃地摆手，一会儿慈祥地微笑？

我们几个人在老爷爷对面的石头上坐了下来，观察了一会儿，忍不住和老爷爷聊起了天。我好奇地问："老爷爷，您为什么吹哨子呀？"老爷爷说："孩子啊，你看这里路上有水，小孩子容易滑倒，我要提醒他们一下。还有啊，大家都喜欢在这里打水，孩子们拿着呲水枪呲到泉里，这水不就不干净了吗？""那为什么大家都愿意到这里来打水呢？"另一位同学接着问。"白石泉的水最好喝了。别的位置的水有渣，啊，就是水锈。这里的水水锈少。"老爷爷自豪地说。"那泉水确实比自来水好喝吗？"我们充满了好奇。"当然哩！这泉水甜、好喝，煮饭、喝水、泡茶都不一样咧。尤其用泉水泡的大碗茶，可香了！""老爷爷，您是这里的管理员吗？"听了我的这句话，老爷爷笑了："孩子，我可不是什么管理员。我家就住在附近。退休后，我只要一有空就来这里，来到这里心情就好。"说完，老爷爷又站起来开始忙碌了。这时，一位老奶奶走过来说："孩子们，这位爷爷70多岁了，几乎每天都在这里守卫着咱这泉，完全是义务的。"老奶奶眼角似乎湿润了："我也住在这附近，每天都要来泉边走一走。我们就看不惯破坏泉水的人，这泉是咱们的福啊！"老奶奶抚摸着我的头，久久没有离开。我在心里默默地为老爷爷、老奶奶以及无数这样默默爱泉护泉的人竖起了大拇指！

泉畔的哨声一声声传入耳中，哨声似一首歌，歌唱着对泉城的热爱；哨声像一首诗，诉说着对泉水的眷恋。而吹哨的人是卫士、是勇者，守护着泉城，热恋着泉城。我和几位同学马上加入其中，并且会动员更多的人，共同守护、爱恋泉城！

（四年级一班　杨馨雯）

指导教师：沈　健

会流“水”的胡同

早就听说济南有一条水胡同，大家特别好奇。于是，我们研学二组的几位同学便来到了济南老城区。顺着指引牌，大家走进水胡同。它既没有曲水亭街的风情，也没有后宰门街的厚重，但是却充满了古老的韵味。

我们继续往里走，看到柳树下正坐着一位老奶奶。我赶忙走上前，蹲在她的身旁问道：“老奶奶，这条胡同为什么叫水胡同啊？我们也没看到哪里有水啊？”“孩子，这是因为一句顺口溜：‘担子挑，水车拉，水花打湿石板路，生出一条条水胡同。’由于水夫挑水走街串巷叫卖，一路走一路洒，泉水滴落石板路，于是得名‘水胡同’。”老奶奶笑着对我们说道。我的眼前仿佛出现了这样一幕：放眼望去，大家坐在柳树下，扇着蒲扇，聊着家常，十分融洽，小女孩与小男孩追逐着、打闹着……狭窄的小巷，独立的庭院，斑驳的墙面，单层或多层的建筑，岁月让它们的韶华逝去，像年迈的老人，隐居在这繁华的城市之中，见证着岁月，静观着济南的变化。

济南的水胡同不像江南水乡的胡同如诗如画，香雾缭绕，却有一副独特的平静祥和的模样。那砖红色的房屋，掩映在爬满墙的浓绿色的爬山虎叶子下。这一墙郁郁葱葱的爬山虎，使得夏日的炎热瞬间化成了肥皂泡。阳光都变成绿色的，像温柔的小精灵一样在上面跳跃着，闪烁着迷离的光点。

我们顺着胡同继续往里走，真是“柳暗花明又一村”，原来又是一座小院。小院里种满了牵牛花，这红的像火、粉的像霞的“小喇叭”似乎在吹响美妙的乐曲，充满了情趣和美好。同学们陶醉其中，流连忘返，情不自禁地把这美景拍了下来。

这次研学的收获还是很大的：走进水胡同，往日的喧嚣与吵闹已归于沉寂与平静，斑驳的青石板讲述着光阴的故事，承载着老济南人挥之不去的童年记忆。

（四年级二班　宋文钰）

指导教师：吕　娜

虎口里的泉

护城河的南边，有一个黑虎泉，三只石虎头喷着水，这令我产生了无限的遐想：为什么叫黑虎泉？水为何从虎口中喷出来呢？

这次，我们研学三组的同学又来到了黑虎泉，准备好好瞧瞧这虎口里的泉：三只石虎，每只都从嘴里吐出清澈的泉水，可刚汇集在一起，却又变成了如翡翠般的绿色，奇怪，真是奇怪！难不成热心的杨柳又来帮忙染色了？泉水哗啦啦地流淌着，似乎永远也不知疲倦似的，可这水到底是哪里来的？是地下涌上来的吗？

到底为什么叫黑虎泉？石虎而已，又不会活过来大吼一声，难不成是泉水流的声音似虎啸？我们几个屏住呼吸，竖起耳朵仔细听："哗啦哗啦……"根本不是嘛！我们有些失望。正想离开时，一阵"妖风"解答了我们的困惑：风吹了过来，泉中却响起了一声声"虎啸"。原来，只有泉水的流淌是不够的，加上风的声音，才会露出它的"庐山真面目"。我闭上眼睛，仔细聆听这美妙的声音……三只黑虎变大了，越变越大，大的没了边，它们的眼神那样凶猛，它们的牙齿那样锋利，有时还传出几声吼叫，不过更多的时候是从口中流出泉水，为济南注入清爽的生命力。

因为泉水甘甜可口，不少人来这儿打水，有拿水瓶的，有拿壶的，有拿大桶的。他们把容器放在虎口前面，耐心等待，一会儿就能喝到甘甜的泉水了。我们几个也请一位接水的叔叔倒给了我们一瓶水，大家你一口我一口地喝着、品着，那甘甜清凉的味道沁人心脾，爽极了！

这便是黑虎泉，哗哗流淌，虎啸龙吟，它使我忘却烦恼，为之深深陶醉。

（五年级一班　张子皓）

指导教师：崔　霞

会飞的任务

我们学校经常组织研学。本次研学是到百花洲寻宝，同行的伙伴是不同年级的学生，我心中充满了期待和忐忑！

我是寻宝一组组长，带领着两个小姑娘，一个三年级，一个四年级。我心中充满疑惑："带这两个小朋友，能完成寻宝任务吗？"

到了百花洲，老师分配任务：寻宝活动分简单、适中、很难三个选项，得分分别是1分、2分、3分，完不成则无法进行下一环节。我回头看看两个队友，心中再次不安起来。"唉！怎么选呢？"我犹豫不定，于是向两个小妹妹问道。"我们选个简单的吧！容易完成。""不行不行，简单的得分少，我们会垫底的。还是选个难的吧！"她俩激烈地争论着。没想到两个小姑娘也有这么多想法，我更加焦虑了。

经过讨论，我们决定还是选择适中。拿到寻宝任务，发现有两项：一是在四合院中找到挂有"寻访学校"树牌的树并拍照，二是拍摄在树下吟诵有关海棠的诗的情景。

我的天，适中的任务也这么难啊！明府城内这么多四合院，四合院中这么多树，到哪里去找啊？而且很容易迷路！我们冷静下来，研究寻找路线，准备出发。我们先进了一个小的四合院。呀！怎么一棵树也没有？赶紧离开，按照方案继续寻找。看见海棠树了，可是有树牌没学校，心一下子凉了半截，先合个影吧！继续寻找。一个院子又一个院子，一棵树又一棵树，就是没有我们要找的那棵树！我们有些垂头丧气了。

我作为组长，再次给大家鼓劲，树立信心。我们快速往前跑，大步迈过每一块石板，穿过了一扇扇四合院大门，还是没有找到！“怎么办啊？”我心中万分焦急、失望、沮丧！两个小妹妹满脸通红、满头是汗，我看得心疼。我心中默默地想：“真不想走了……不行，任务还没有完成！我要挑起大梁！”我再次鼓励大家往前走。

又走进一个四合院，我内心突然激动起来。“一定在这个院子里！”我大声喊道，大家齐步跑进去。一阵清风迎面扑来，我们仿佛看到了希望。真的就是这一棵树！茂密的枝叶透着光泽，简直是一棵耀眼夺目的元宝树。一看树牌，就是这一棵，我们兴奋地叫了起来。我们终于完成任务啦！欢呼，跳跃，我们抱在了一起，早已湿透的衣服也没有让我不舒服的感觉了！

这次我们组虽然没有成为最后的赢家，但是，大家齐心协力、克服困难、坚持不懈的精神将会一直伴随着我们。

（六年级四班　邵琪然）

指导教师：薛　巍

时光里流淌过的香甜

小小缠蜜从何来？香甜味道从何来？

小小的胡同里传来了声声吆喝：“甜啊，出来玩了！”我啊，一个没事儿就跑去曲水亭街的小孩，又跑去同伴家。曲水亭街上，人来人往。不论是叔叔的果子铺，还是走过的烧饼摊，都有一股独特的香甜气味，专属于人流如水的曲水亭街的气味。

石板下的淅淅沥沥的水流穿梭在指缝中，像一条灵活的小鱼，咬着我的脚趾。这天下午，薛爷爷和刘奶奶来了，他们推着小推车，还是那样开心。我和几名研学的小伙伴飞一般地冲向前，像一只只正在赛跑的小兔子般，一起抱住了老人。今天和往日不同，这一次我带着满心的疑问："爷爷奶奶，缠蜜从哪里来的？""嘻嘻……"爷爷一笑，"缠蜜就是从这个大盒子里拿出来的。"说着，爷爷摆动着手指，就像变魔术一般拿出了缠蜜，小伙伴们惊奇地感叹着。"哈哈，你快别闹了！"刘奶奶的话语阻止了我们的惊叹，"缠蜜呀，是用麦芽糖做的。经过我们的秘制加工，已经变得香甜又好吃了。等下次我们一起做麦芽糖。"我们恍然大悟，原来这就是制作缠蜜的关键啊！

香甜吸引着我们用缠蜜进行创作。在我们的手中，缠蜜已经有了几百种编法，都是我们研究出来的。从最基础的八字节，到后来是中国结，最厉害的小朋友还可以当作翻绳玩呢。缠蜜的形状也五花八门：有的像可爱的小鸟，有的像会"吐泡泡的"珍珠泉，有的像一棵柔韧多姿的柳树，有的像曲水亭街的小雏菊……我给薛爷爷提了一个建议："爷爷，能不能让麦芽糖有些颜色呀？这样缠蜜也成了五彩斑斓的了。"薛爷爷说回家想想。过了几天，我又来到了推车前。果真，爷爷的缠蜜有颜色啦！绿色、红色、紫色、黄色……各种五花八门的颜色都有。在我们眼中，这些缠蜜又增添了一些别样的乐趣。

此次研学之行，我和小伙伴们既收获了知识与快乐，又收获了甜蜜与幸福。

（五年级四班　黑金嫒）

指导教师：邵海玮

社会效应

家长、老师对课程的认同和支持是课程价值的佐证。课程激活师生，推动学校社会声誉快速提升。

源泉活水

——“童趣泉城”德育实践活动课程收获

泉水是济南的“魂”、济南的“脉”，济南也因泉水而活，因泉水而举世闻名。正因如此，我们“童趣泉城”德育实践活动课程，就如这涓涓流淌的泉水，成为济南市青龙街小学的“魂”和“脉”。

2017年的夏天，身为少先队大队辅导员的我刚刚交流到青龙街小学，便开始跟着校长参与学校德育实践活动课程的开展。当时的我，也许是刚刚换了新的工作环境的缘故，就像一个盲人一样，一边摸索，一边负重前行，“带不动、没干劲、无活力”是自己当时最大的感触，咬牙坚持的背后不知流过了多少泪水。但如今，我可以非常自信地说，我的干劲十足，内心充满活力。为什么？我想，这与“童趣泉城”德育实践活动课程的深入开展是密不可分的，是学生们参与活动的热情感染了我，是他们在活动中的不断成长激励了我。

自开展活动以来，我看到了学生对“童趣泉城”德育实践活动课程的喜爱，看到了他们逐渐增强的自信心，甚至感受到了他们对家乡日渐上升的热爱之情。我想这些收获，都是“童趣泉城”的开展带来的，也是我们希望看到的。

泉水涌动

2018年5月，正是“童趣泉城”德育实践活动课程开设近一年的时间，校园文化墙“海右此‘城’古”便迎合这一课程主题正式建成了，与校外的环城公园遥相呼应，打造出了“城中校、校中城”的校园文化场景。为了让更多的人可以透过这面墙了解济南，了解我们“童趣泉城”的课程理念，我们决定让学生们自己创编这面校园文化墙的解说词，并为大家进行讲解。

学生们的潜能是无限的，大家纷纷拿出自己的看家本领，将自身参与“童趣泉城”德育实践活动的收获融入解说词中，将文化墙九个版块串联成了一组“小水滴游泉城”的故事，带着大家领略“海右此‘城’古”的风采。经过多次训练后，我们的第一批解说员正式上岗了。他们声情并茂，充分抒发着内心对

家乡济南的情感，站在文化墙前充满自信地为大家讲解，有时还会结合自己在“童趣泉城”活动中的亲身经历，临场发挥，与倾听者交流互动，赢得了一次次掌声与赞美。一年的时间里，解说小组形成了梯队，先后解说20余次。随着“童趣泉城”的深入开展，他们对这面墙的解读更加深刻，这面校园文化墙也因他们而熠熠生辉。

泉润校园

“童趣泉城”不仅让学生充满自信地讲解校园文化墙，以及深入了解家乡济南，它还潜移默化地影响着学生们平日的学习、生活。

清晨的教室里，传来了琅琅读书声：“云雾润蒸华不注，波涛声震大明湖。”“城外青山城里湖，七桥风月一亭孤。”“争渡争渡，惊起一滩鸥鹭。”……这些赞美济南的诗词被同学们大声诵读着、吟唱着，多么悦耳动听。教学楼的墙壁上，挂满了学生参与实践活动的照片，或认真倾听，或欢畅交流，或专注体验，或自信讲解……一个个生动的情景展现着“童趣泉城”课程的魅力，自信与快乐洋溢在学生们的脸上。午间休息时，红领巾广播站便成了学生们畅谈活动感受的主阵地，如泉水叮咚拨动着每一位同学的心弦，传递着他们热爱家乡的真实情感。社团活动中，学生们用剪纸剪出了泉水涌

动，用流利的英语介绍着“七十二名泉”，用STEAM项目式合作学习探究着大明湖的桥，用创编的剧本表演着济南人的幸福生活……学生们用实际行动编织出了一个个美丽的家乡梦。

源泉不息

不仅仅是平日的学习生活，“童趣泉城”德育实践活动课程还带动着全校师生，开展了丰富多彩的校园活动。

2019年的春天，“‘纸’爱泉城美”校园科技节隆重举行。以“童趣泉城”为文化背景，全校每一位学生都行动起来，围绕主题用各种纸创作出了与家乡济南有关的作品。一进校门，一座用纸盒拼搭的巨大的“济南城门”带人们走进了“纸”的世界：用废纸折叠而成的三角插，拼插出了济南的三大名胜、标志性建筑等，人们仿佛置身于城中流连忘返；利用鞋盒，学生们创作了济南微景观，表现着济南的老街老巷以及古色古香的四合院，不禁让人拍手称奇；舞台中央，小模特身穿自己用纸改造的靓丽时装，处处都彰显着泉城元素——荷花映衬，柳枝缠绕，泉水灵动……学生们的无限创意，更诠释着他们通过活动对家乡济南的全新认知。这样的校园科技节活动，为学生们搭建了展示交流的平台，让

学生在活动中充分表达出内心的那份浓浓乡情。

“童趣泉城”德育实践活动课程带给全校师生的不仅是乡情的培养，还有很多意外收获。自课程开展以来，学生们的主人翁意识不断增强，自主能力、组织能力和创新能力也在不断提升。如校园达人节中，同学们打破了一个个校园吉尼斯纪录，创造了很多新的吉尼斯项目，一个个小达人成为了校园中最耀眼的明星；“小篮球，大梦想”篮球班级联赛上，我们不仅看到了同学们挥汗如雨、奋勇拼搏的运动精神，更在他们身上感受到了灿烂的阳光，透过他们看到了美好的未来……就这样，学校依托活动渗透着德育，学生在活动中收获成长、体验成功的喜悦，学校也因学生们的精彩表现走向更加辉煌的明天。

如今走进青龙街小学，大家会看到师生们的脸上都洋溢着幸福的微笑。学生们朝气蓬勃，阳光向上；老师们干劲十足，活力四射；家长们热情高涨，一团和气。而我想，“童趣泉城”德育实践活动课程就是那源泉活水，滋润着青龙街小学这片沃土，源远流长，生生不息。

（大队辅导员　李　暖）

教师说，家长评

“童趣泉城”德育实践活动课程的开展，对于一年级的小学生来说是一种全新的人生体验。他们在行走中学习，在学习中成长，在“游”与“学”中寻溯。孩子们目睹了“清泉石上流”、五龙迎客、月牙飞瀑、秦琼祠、美铭广场等景点。他们用自己的小脚丫丈量着五龙潭的美景，用小眼睛寻找着济南的泉魂，用心灵感受着历下的名人故事。现实中实景、实地的鲜活教育已远远超越了书本知识，同学们的收获来自研学路上的点点滴滴：一起追寻古人的足迹，一起领略旖旎的风光，一起感动于团队的热情和互助……此次研学活动为孩子们的成长注入了新的元素，它必将拓展孩子们的视野，延展今后的学习之路……

——一年级一班　陈静老师

学校组织的“童趣泉城”五龙潭公园研学活动，对一年级一班这些泉边出生、河边长大的“泉”娃娃来说，有着非凡的意义。当同学们在老师的生动讲解中，踏上这蚀刻了历史与文化印记的石板路时，这座古城里历经千年的文化宝藏，就像一本开启的古书，娓娓诉说着温婉、豁达、灵动又淳朴的故事。

孩子们用眼睛、耳朵、脚步去倾听、感受泉水的脉搏，胸中脱去尘浊。开学活动让文化知识与城市的历史成为孩子们成长的良伴，不知不觉中将爱泉、保泉的意识融入这一个个泉娃的生命当中，续写美丽家乡的今天与明天。

——一年级一班　常舒涵家长

在“童趣泉城”德育实践活动课程开展的过程中，我和我的学生与课程一起成长。实践活动前，我会让学生搜集相关景点的历史资料。我仔细地交代每一个注意事项，让学生们熟记于心。在参观秦琼祠以及中共山东省委机关旧址等景点时，他们很自信、从容。通过我和热心家长的精心设计和组织，活动非常成功。孩子们在欣赏美景之余，更是学到了课本之外的许多知识。学生们精心排练的舞蹈剧，赢得游客们的阵阵掌声。研学后每个人又用绘画、手抄报等各种形式来记录自己的研学成果。实践活动收到的是书本上和课堂上所达不到的效果。人生处处是舞台，希望每一位同学都能绽放自己的光彩。

——一年级二班　高阳老师

有幸与孩子共同参加了“五龙潭公园研学活动”。入园后每到一处景点，都有家长给孩子们做详细的讲解，让孩子们在游玩中潜移默化地增长了知识。整个参观、学习过程秩序井然，快速高效。孩子们在实践活动中体悟到家乡自然资源的多元、丰厚，感悟到文化的无穷魅力。老师和学生之间加强了沟通，多了一些心与心的交流，多了一些教育的契机，也使同学和同学之间加深了友谊，增强了集体荣誉感和凝聚力，为他们的小学生活增添了一缕亮丽的色彩。

——一年级二班　王孜乾家长

这是一年级同学入学以来第一次独立的研学活动。带着种种的担忧，我们精心设计和组织活动。孩子们研学后的反馈和效果，真让我和家长们惊喜。在研学前的准备中，我搜集了大量的资料，让学生对泉城文化有了更深入的了解，从爱家乡到爱祖国都变得那么具体。同学们全程有序地参与，提升了他们的自我管理能力，这种影响一直延伸到了校内的学习过程中。在介绍和倡议环节中，更是提高了一年级学生沟通和解决问题的能力，这种能力让游人和参与的家长都赞不绝口。在研学后的总结中，同学们更是用诗歌、绘画的形式抒发情感，收到了课堂教学所达不到的教育效果。

——一年级三班　陈琳老师

在“童趣泉城”五龙潭公园研学活动中，杜昕憬担任了节水保泉的宣传使者，很勇敢地向路人宣传保护泉水的重要性，他自己也从中获得了很多泉水方面的新知识，了解了节水保泉的意义。这次活动既锻炼了孩子的沟通交际能力，又提高了自我展现能力，在开阔视野的同时也提高了个人素养，在爱国、感恩、礼仪、自信等方面都有了提高。让我感触最深的是，回到家里杜昕憬监督家人节约生活用水，还能说出很多大道理，带动身边的家人共同养成节约用水的好习惯。读万卷书，行万里路。“童趣泉城”五龙潭公园研学之旅让我们受益匪浅。

——一年级三班　杜昕憬家长

读万卷书，行万里路。习近平总书记系列重要讲话中，要求秉承“创新、协调、开放、绿色、共享”的发展理念，要落实立德树人的根本任务，帮助中小学生了解国情、热爱祖国、开阔眼界、增长知识，提高他们的社会责任感、创新精神和实践能力。“童趣泉城”研学活动的开展，为全校学生提供了一个全面了解家乡泉水、风景、人物、文化的机会，真正做到了教、学、做合一，使学生在研学中获得了知识，培养了团队意识。孩子们学会了带着问题去发现、探究。研学活动过程中，孩子们相互关心，共同学习，增进了友谊，开阔了视野，磨炼了个人意志，增强了责任感，锻炼了自身的实践能力和处理问题的能力，同时还培养了学生对“美”的欣赏能力。

——二年级二班　王琳老师

古人云：“月是故乡明。”热爱自己的故乡是一种美德。青龙街小学组织的“童趣泉城”研学系列活动让孩子们通过游家乡、画家乡、访家乡，继而更加热爱家乡——“泉城”济南。

寒假期间，孩子们开始寻访济南老城区的古街、民俗，体会泉城之美；积极参与“爱泉护泉”“无烟泉城”“垃圾分类”等实践活动，增强了作为泉城小主人的责任感和使命感，把对家乡的爱转化为力所能及的实际行动；开学后，走进大明湖，围绕“慧眼识桥”“探秘植物”“慧心访亭”三个主题进行户外集体研学，让同学们全面了解“济南明珠”大明湖。

感谢学校组织这样有意义的研学活动，不仅让孩子们收获了知识、开阔了视野，还真正培养了他们的实践能力和对家乡的责任感。

——二年级二班　李沛然家长

在“童趣泉城”德育实践活动课程中，我与学生共同领略家乡独特的文化魅力，开始了一场场洗涤心灵的寻泉之旅，让潺潺流淌的清凉泉水涤荡心灵。

在短短几百米的护城河两岸，我们一路寻访了玛瑙泉、黑虎泉、琵琶泉、九女泉、白石泉等黑虎泉泉群的十几处泉池。队员们饱览泉城经典景观，领略到了家乡深厚而独特的文化魅力，唤起了队员们热爱家乡、爱泉护泉的强烈意识。队员们结合平时所学，用本次活动中自己观察到的美景、拍的照片和视频、向景区的游人做的问卷调查等，制作了精美的宣传册、画刊、短片、手抄报，绘制了“护城河导游图”和景点LOGO，设计了“泉”吉祥物——泉娃，编排泉韵舞蹈，吟诵赞泉诗，讲述泉的传说故事等，记录自己的寻访成果。队员们纷纷表示，要把自己的寻访成果，把美丽灵动的泉水文化传播到四面八方，让更多的人认识济南，了解济南，热爱济南，打响济南的泉水名片，让泉城走向世界！我们从心底里更加热爱这座城市，让我们一起为建设更美丽文明的泉城而发奋努力！

——三年级四班　陈俊勇老师

青龙街小学精心组织的研学活动以泉城文化为主，让孩子们接触家乡的山、泉、湖、河、城等元素，领略家乡魅力。课程让孩子们收获颇丰。在他们身上，我感受到了家乡文化给孩子心田带来的巨大影响。孩子长期生活在济南，但身在其中，不知其然。通过有针对性的研学才发现："原来我的家乡这么美，这么多值得我们骄傲、自豪的东西！"家乡的山、家乡的水，不仅滋养了孩子的身心，更为孩子注入了文化自豪感。"忘不掉的乡愁"将伴随终生，成为影响她身心的最持久的力量。

唤醒孩子保护家乡的意识。在研学过程中，通过对大量环境、生态知识的学习，孩子们意识到如果不保护环境，珍惜资源，总有一天泉水会离我们而去。最直观的体验，比任何说教式的教育都更有说服力。

唤醒孩子对家乡的感恩之心。一方水土养一方人，孩子通过研学认识到，她是在泉水滋养中成长的，是泉城的水、泉城的文化养育了她，影响了她。这种体验有助于她常怀感恩之心，好好学习，回报家乡，回报社会。

——三年级四班　孙梦泽家长

学校以"童趣泉城"为主题开展了一系列研学活动。作为班主任，我深刻感受到了学生在课程中的快乐与成长。红色之旅研学初始，学生们对济南历史一无所知，对解放阁、五三惨案的历史也不知晓。在学习了革命先烈的光辉事迹后，学生体会到现在的幸福生活来之不易，他们深刻感受到当沐浴在和平的阳光下时，不能忘记革命先辈们用鲜血铸就的峥嵘革命史。那段悲壮而光荣的历史需要我们共同追寻，共同铭记。一次次的红色研学给学生留下了深刻的记忆，丰富了他们的历史知识，加强了对他们的爱国主义教育，弘扬了先辈革命精神。在踏寻革命足迹的震撼中，学生立志为国家贡献自己的一份力量，也深刻体会到"今日之责任，不在他人，而全在我少年。少年智则国智，少年富则国富；少年强则国强"。勿忘国耻，戮力前行。

——六年级二班　王婷婷老师

格物致知，走出教室的体验式学习丰富多彩。小学六年来，我有幸陪伴孩子组织或参加了四次研学活动。孩子从第一次卖报纸时不敢主动同陌生人说话，到第二次寻找济南春天时可以大方回答陌生人的问题，到第三次校外体验时做新的尝试，再到最后一次红色研学时主动去帮助别人，每一次都有新的变化。孩子的性格偏内向，初入学时不会主动与同学嬉戏。多次校外研学活动，增加了孩子和同学之间的交流，培养了同学之间的情谊，孩子变得自信、开朗、阳光，愿意同陌生人交流，更能向陌生人表达自己的看法，维护同学和班级的荣誉。从懵懂青涩的孩子到阳光的少年，点点滴滴的变化让我欣喜，让我感动。

——六年级二班　张奕博家长

这是毕业前的最后一次研学活动了。作为班主任，组织过的研学活动有很多次，但这一次让我最难忘！忘不了，解放阁展览大厅雕塑旁，孩子们双手抚摸“攻城突破纪念口”时的颤抖；忘不了，无名烈士碑前，孩子们那铿锵有力的声音；忘不了，广场上鲜花旁，那颗巨大鲜艳的五角星；忘不了，红旗下，孩子们双眼凝望和平鸽的憧憬…… 难忘，憧憬，是为了更好地前行，祝福我的孩子们！

——六年级一班　吴向红老师

孩子马上要毕业了，我有幸参与了孩子毕业前的最后一次研学活动。在本学期的“童趣泉城”研学活动中，孩子们在解放阁下庄严肃穆，向先烈们行少先队队礼，朗诵诗歌，排成五角星队形，纪念先烈们为保卫济南浴血奋战的壮举！他们铿锵有力的声音，整齐的队形，无不体现出新一代学子对祖国未来的憧憬和立志保家卫国的决心。不忘历史，勇往直前！为学校开展这种扎实、有效的研学活动点赞！

——六年级一班　王秋硕家长

在我校开展的“童趣泉城”德育实践活动课程中，我和学生们一起走出校园，走出课堂，寻访黑虎泉泉群。在寻泉、探泉、赏泉、饮泉的同时，学生将自己精心制作的《爱泉护泉倡议书》发放给景区里的游客们，倡导大家携起手来，爱泉护泉。学生边听边记边画，进一步了解家乡的文化，使书本知识和社会实践有机融合在一起。研学活动增强了孩子们的实践能力，课堂上敢于展示自我、善于表达思想的孩子多了，校园里“弯弯腰”的环保小卫士多了。水龙头旁处处可见孩子们手绘的“珍爱生命之源，从点滴做起”“保护好小水滴，让它不再哭泣”等一系列温馨提示，树立了人人都是节约用水小卫士的意识，增强了主人翁责任意识。“泉水”是家乡济南的“守护者”。只有我们携手保护水资源，才能让泉文化延续下去。

——后勤主任 陶明泉

岁月积淀的沉香，
厨房里藏匿的秘密，
口腹之欲中的人文情怀，
在美食研学中我们一一体会。
一场舌尖上的饕餮盛宴，
一段齐鲁美食的魅力之旅，
从舌尖到信仰，甚至于我们看世界的方法，
通过美食研学的方式，寓教于乐。
近距离地感受到了齐鲁美食的博大精深，
培养了孩子们的荣誉感和自豪感。
通过一次次美食研学之旅，孩子不仅收获了趣味，更加增长了见识。
食物不仅可以果腹，更可以让我们品味出人生的万千滋味。
通过这种齐鲁饮食文化的视觉巡礼和味觉体验，

孩子在不知不觉中体会到了在日常生活中的匠人之心。

——五年级四班　田沐冉家长

孩子参加了“童趣泉城”研学——研究济南诗词，收获满满。各研究小组以季节取名，合诵春之美、秋之韵，图画绘春，歌曲咏春，还有最精彩激烈的飞花令。诗词研究期间，孩子和我们总是讨论一个话题——诗词。让我们帮他买诗词书籍，一起背诵诗词，赏析诗词，了解诗词背后的故事，准备飞花令。春夏秋冬，花鸟虫鱼，江河湖海，亭台楼阁，几乎每一个适合做意象的字都准备了若干首飞花令的诗词。一个傻乎乎的小屁孩突然像插上了腾飞的翅膀，每天忙碌得不行，诗词储备量迅速增加。虽然忙碌，但孩子每天欢声笑语，眼睛里闪烁着求知的喜悦。孩子兴奋地感叹：“大自然里的课堂真有趣！”这不仅是一次诗歌的盛宴，更可贵的是触发了孩子对于诗词的敏感，点燃了孩子对诗词的热情。从此，天天背诵诗词已经成为孩子的爱好甚至是一种生活方式。感谢学校给孩子营造了在大自然中成长的氛围，给孩子一个触摸世界的机会。清风明月本无价，近水远山皆有情。

——五年级一班　蒋宇宸家长

打造品牌

打造课程品牌，打造济南名片，打造济南娃充满诗情画意的美丽人生……

课程名片

济南市青龙街小学

课程宗旨：小荷嫩柳映泉城

课程标志：

课程目标：热爱家乡　健康进取　参与实践
服务社会　拓展创新　完善自我

济南娃的诗意生活

正月趵突观灯

“春到人间人似玉，灯烧月下月如银。” 每逢春节来临，趵突泉灯会把泉城装饰成一幅绚丽多姿的锦绣画卷。趵突泉灯会至今已成功举办了40载，成为泉城济南一大文化品牌和冬季旅游主打项目，具有较高知名度和影响力。展出的彩灯集传统性、知识性与趣味性于一体，园林景观与彩灯艺术相映生辉，千姿百态，五光十色。游客白天赏泉，晚上观灯，清幽的泉水旁人潮涌动，遍地都是欢声笑语。放眼望去，花灯与泉水交相辉映，那景色正是火树银花的最好注解。

40载趵突泉灯会起起伏伏的背后，体现出时代变迁、市民需求的变化，而不变的是浓浓的年味儿和对传统民俗文化的传承。那份向往光明和美好生活的企盼已深深镌刻在一代又一代济南人的血液中。

活动建议：与一组花灯合影；给一组花灯画像；找一组花灯写讲解词；为一组花灯制作小模型；猜一组花灯的灯谜。

正月趵突觀燈
己亥盧桐鳴畫
第一泉

清明登阁忆往

“明朝寒食了，又是一年春。”在仲春暮春之交的清明节，人们忙着祭扫、踏青、远足。黑虎泉畔，东南之隅，矗立着解放阁，它金黄琉璃，攒尖宝顶。吻兽威武，风铃扬韵，静静地守望着济南已有半个多世纪。清明，站在解放阁的台基上，环绕四周，眺望八方，既可凭吊先烈英雄，又可俯瞰黑虎泉景致，饱览泉城风光。护城河畔群泉簇拥，河上小桥别致典雅，河中画舫穿梭游弋，亭台楼阁错落两岸。还有那车水马龙的黑西路，游人如织的黑虎泉，远山如黛的千佛山，古色古香的宽厚里……

面对眼前的胜景，我们不能忘记历史，不能忘记先烈们不忘初心的豪情壮志。我们脚下的这片土地，经历过硝烟炮火，遭遇过敌机嘶鸣，最终迎来了胜利。胜利的背后有多少鲜活生命的无私奉献，又有多少失败重来的坚定信念！清明登阁追忆往昔的传统，已深深烙在这座城市的心中，在流逝的岁月中散发着耀眼的光辉。

活动建议：低年级“白花朵朵献英烈”；中年级“寻找我的姓氏英雄”；高年级举办“登阁忆往英雄故事会”。

清明登阁忆往
己亥盧树鳴畫
解放阁

端午街巷寻味

民以食为天。作为济南的小主人，你是否了解地道的济南美食，并以美食为窗口，了解美食背后精致而丰富的城市文化和人文历史呢?

很多时候，我们吃的不只是食物，更像是一种情感与记忆。那些最具烟火气息的风味小吃，往往忠实而生动地保留着这座城市的人文基因。想要深入了解一座城市，最好的方式莫过于溜达在大街小巷，去寻访传说中“舌尖上的美食”。油旋、甜沫、草包包子、把子肉、荷叶鸡等美食“藏”在济南府大街小巷里，不时飘出阵阵诱人的香味，勾引着你的味蕾。端午正是粽飘香、品美食的好时节。让我们以美食为契机，从富有创造力的孩子们的视角，审视我们的城市文化和人文历史，探讨新时代、国际化背景下的饮食文化和商业模式，赋予济南美食全新的展现方式。

活动建议：品尝一桌“济南府美食”；绘制一张“济南府美食”地图；编辑一份“济南府美食”菜谱；设计一套“济南府美食”名片；烹饪一次“济南府美食”。

端午街巷寻味

仲夏明湖画荷

济南的盛夏，最期待的莫过于大明湖“湖里荷花百顷田，湿香如雾绿如天”。荷花的美不仅是因为它圣洁的外表，还在于它在千百年的历史长河中深厚而悠长的文化韵味。“四面荷花三面柳，一城山色半城湖。” 1986年，济南将荷花定为市花。当年举办了我国有史以来的第一次荷花展览。从此每年7月都有荷花展在大明湖举行。“清水出芙蓉，天然去雕饰。”这是荷花的真实写照。大片的粉红花瓣和碧绿的荷叶有一种惊心动魄的美。如果是雨天，无论是蒙蒙细雨还是如注大雨，荷花及荷叶上沾满雨水更显韵味，你还可以看到鱼群穿梭、蜻蜓点水，将大明湖浸润在烟雨之中。

赏荷的绝妙之处在于，既可以将荷叶与荷花收入镜头之中，又可以通过画荷，将对荷的情感着墨于纸上。仲夏明湖画荷，近处的花叶、垂柳，远处的湖光山色、画舫水榭，跃然纸上。这一刻，笔尖画的是荷，流淌的却是热爱家乡的情感。

活动建议：荷花池边画荷花；月下亭里咏荷花；举办“我扮荷花仙子舞翩翩”活动；进行“荷花种类知多少”小调查；举办“盆栽荷花我尝试”活动；举办“明湖荷、西湖荷”比美大赛。

仲夏明湖畫荷己亥盧桐鳴畫

中秋泉畔赏诗

每逢八月十五，“贵家结饰台榭，民间争占酒楼”，赏月盛事极具规模。泉畔吟诗、拜月在古代济南传统中秋习俗中是必不可少的。

济南城内百泉争涌，泉水甘甜清澈。济南泉水多如繁星，各具风采。或如沸腾的急湍，喷突翻滚；或如倾泻的瀑布，狮吼虎啸；或如串串珍珠，灿烂晶莹；或如古韵悠扬的琴瑟，铿锵有声……整个泉城沉浸在泉水淙淙、诗情画意之中，历代文人为之倾倒。唐、宋、元、明、清各代的名人如李白、曾巩、苏辙、赵孟頫、蒲松龄、王士祯等，都留下了赞泉的诗文。济南泉水孕育出李清照、辛弃疾、张养浩等一代又一代文人墨客。泉水、明月，赋予古往今来文人墨客无尽的感叹与灵感，留下了千百篇脍炙人口的诗词佳作。今天我们选在中秋团圆之日诵诗、唱诗、赛诗，致敬古人，致敬中华经典。

活动建议：举办黑虎泉边“赛诗会”；举办“小小诗人”泉边原创诗词朗诵会；举办“穿越古今，梦回泉城”济南名士角色扮演活动；举办“经典永流传，我为济南诗词演唱”活动。

中秋泉畔赏诗

重阳佛山登高

“每逢佳节倍思亲。”济南民间素有重阳节登高的习俗。人们认为在“九月九”重阳节这一天“迁居高处”，可为全家带来平安吉祥。

济南重阳节古俗有三：登高，赏菊，插茱萸。其中尤以登高为重。此时正值金秋送爽的时节，是登高远眺、舒畅胸怀的好时光。济南山多，又有名山——千佛山。登千佛山是古济南人过重阳节时的重要活动。“闲招三两友，把酒醉南山。静喜高松下，香偎野菊间。”这首诗正是古人重阳登千佛山、饮酒赏菊的生动写照。

昔古人重阳登佛山意在祈福，今泉城学子再攀登意义深远。一来欣赏美景，激发内心热爱祖国大好河山的情感；二来研学庙会，传承重阳习俗，弘扬民俗文化；三来强身健体，增强意志，感悟人生如登山的哲理。

活动建议：低年级举办“佛山庙会乐趣多”活动；中年级举办“千佛山郁葱葱”活动，了解山上的古松名树；高年级举办“勇攀登”登山比赛、“重阳，我扶爷爷奶奶赶庙会”活动。

重陽佛山登高
己亥

回望，朝向生长

“明湖美如画，泉水绕人家。学子行泉城，豪情济天下。”

在这荷香飘溢的泉城之夏，我们流连于“童趣泉城”德育实践活动课程成果展，品评着一件件作品，赞叹着，感慨着。回望课程建设与实施之路，曾经的热切寻找、激烈争辩、苦苦探寻，还有那一次次整队出发、那一幕幕街巷寻宝的欢喜、那一场场展示汇报的感动，演奏出课程生长的动人乐章。

初心：培养家国情怀，为学生植根

树有根，才枝繁叶茂，葱郁参天；草有根，才“野火烧不尽，春风吹又生”；花有根，才经冬历夏，年年花落花开；人有根，才有生命的源泉和动力，才会在竞争与浮躁的现代社会安身立命，演绎人生的精彩。

那么，什么才是人的根？根是给人生命的家，根是养育人成长的土地，根是融入人血脉的文化。一句话，根乃培养和支撑生命之本原。

2017年，再一次回到青龙街小学——这所护城河畔的学校后，我开始思索这所百年老校的办学“生长点”。我深知，面向未来，学校校长仅有“管理者思维”已远远不够，还需要有“设计者思维”——从问题出发，以人为中心，以资源和工具为支撑，以问题解决、价值创造、潜力挖掘为目标。多年来，“青小”一直以“精致教育，精彩人生”为办学理念。如何顺应时代，植根区域打造学校

特色？如何集合家庭、学校、社会三位一体的力量，共同推动儿童发展、学校发展的创意和谐链？如何彰显成就人、发展人的教育本质？要做的工作很多，寻找撬动学校发展的关键点颇费思量。

教育永远与时代发展合拍共振。作为中华传统美德的“家国情怀、责任担当”在新的时代焕发出更加宝贵的精神价值。小学阶段是学生世界观、人生观、价值观“拔节孕穗”的关键时期，需要精心地引领、栽培。我们从“培养社会主义合格建设者和接班人，成就学生幸福美好的人生”这个大目标出发，以陶行知先生“生活即教育，社会即学校”思想为指导，着眼于学生当下的生活，将学生成长的环境、接触到的人、周围的事物进行必要的选择、设计，从而形成更有价值的课程。

济南作为中华文明发源地之一，作为齐鲁大地的经济、政治、文化中心，有着丰厚的历史文化底蕴。青龙街小学坐落于护城河边大明湖畔，是一座名副其实的“城中校”，在利用老城资源开展教育活动方面有着独特的优势。经过调研设计，“童趣泉城”德育实践活动课程雏形面世。课程以培育具有家乡情怀进而发展家国情怀的人为目标，以济南老城地域资源为主要内容，以行走的开放课堂为主要形式，以自主探究、综合研究学习和亲身实践为主要学习方式。课程创设了一个充满温情和智慧的生命场，学生浸润其中，感受家乡的美，体验优秀的传统文化，享受着济南娃的诗意生活。伴随学生成长的是济南人的情、济南人的味、济南人的品。未来，这些学生也许会远走他乡，也许会与泉城厮守一生，但我们相信：济南会是他们常常想起又愿意回报的老地方。

探索：动员多方力量，构建课程体系

“童趣泉城”德育实践活动课程的开发经历了曲折的过程。当初，学校领导站在教育使命的高度，敏锐把握时代要求，充分挖掘学校地理、历史方面的资源优势，急切地推出课程建设任务。但是，遭遇到部分老师的消极抵触。大家对德育的价值、实践活动的意义及组织方式认识不到位，教育思想不够开放。记得2017年秋冬，我们进行了一系列教育思想的大学习、大讨论。教育部《中小学德育工作指南》《关于实施中华传统文化传承发展工程的意见》《山东省中小学德育课程一体化实施指导纲要》《陶行知生活教育理论》等帮助大家把握时代脉搏。

观念是行为的先导。广大教师以强烈的责任感参与到课程建设中来。行走泉城相聚护城河边的热烈研讨，聘请泉城专家、诗人举办讲座，围绕课程主题进行一次次方案设计，各学科老师积极承担课程任务……老师们先学先研、先探先行，焕发激情的老师们在课程设计中不断创新，实现了教师与学生与课程共同成长。

具有4500多年历史的济南是一部厚重的大书，小学生的接受能力毕竟是有限的，哪些地方、哪些内容更适合小学生？这个问题不仅需要教师、家长的思考、解答，也需要课程专家的指导建议。我们走访对济南有专门研究的学者、专家，听取多方意见，又经过不断尝试修正，最终构建起了比较完善的“童趣泉城”德育实践活动课程体系，分为“泉”“城”“人”“文”四大版块，包括蓝色之源（泉）、红色之魅（城）、黄色之光（人）、绿色之韵（文）模块，形成了系列课程群。根据各个年级学生身心发展水平和学习能力系统编排课程，实现了目标的螺旋上升，内容按序列推进。

在课程建设与实施中，我们旗帜鲜明地提出“儿童立场”“儿童化视角”，即课程的设计实施从学生身心发展出发，尊重学生的兴趣，采取学生喜欢的方式，成就学生的成长。所以，在课程建设中，多次听取学生意见，放手让学生去选择、去设计、去研究。学生用脚步丈量，用眼睛看，用耳朵听，用双手做，用心灵感悟，学生真正成为课程的主体。课程突出“玩”和“趣”两个元素，如“正月趵突观灯、清明登阁忆往、端午街巷寻味、仲夏明湖画荷、中秋泉畔赏诗、重阳佛山登高”这六大主题课程活泼高雅，既引领学生传承济南民俗文化，又体验诗意生活，学生们怎么会不喜欢呢？

“童趣泉城”德育实践活动课程很好地体现了课程融合、资源整合。主题实践过程中，涉及地理、历史、政治、天文、物理、音乐、艺术、文学、经济、建筑等方面的知识，需要各学科教师通力合作，给予学生正确的指导、引领。如语文老师推荐必读必诵济南的书及美文；音乐老师教会学生唱《济南济南》《梦回老济南》《全世界都在说济南话》《回忆童年》《济南故事》等歌曲；体育教师把“登千佛山、绕跑大明湖、数清英雄山的台阶”作为打卡项目……课程不但是全校教师育人的平台，还调动了家长和社会各界的教育资源。就家长来说，从最初的安全护导，到积极提供各类场所和资源，再到主动担纲客座教师和学生的导师，很多家长参与了课程的全过程，陪学生参观、调查、实践、展示。天下泉城景区、芙蓉街社区、解放阁等多处场馆为学生提供实践便利。“家、校、社会合力育人”不再只是呼喊的口号，而成为实实在在的行动。

收获：师生共同成长，学校迸发活力

很欣慰，“童趣泉城”德育实践活动课程成为学生喜欢的课程。学生行走在城市的老街老巷，寻觅着祖辈的生活印迹；行走在杨柳依依的护城河畔，感受泉水与济南的休戚关联；行走在灼热的烈日下，体会当年英烈的坚韧不屈；行走在繁华的商业街区，沉思文物保护与社会发展的两难问题；行走在名人故居、文化展馆，吮吸着传统文化的琼浆甘露……

课程关注学生生活，内容来自学生熟悉的环境、熟悉的人、熟悉的事物，学生有进一步探索的欲望；课堂是行走的开放课堂，从封闭的教室到广阔的社会天地，呼吸自由；学习方式是更多的自主、合作、探究，激活学生潜力和发展动力；更重要的一点是，学习没有标准答案，参与即学习，展示即成功，发现即优秀，每个学生的个性得以

张扬，每个学生都体会到课程带来的快乐。细细想来，课程给予学生的，是一种童年的解放，是在学生最纯真美好的时代播下的真善美的种子。

课程建设实施对很多老师来说是巨大的挑战，辛苦是必然的。2019年暑假，学校推出两个实践活动新项目——“济南泉水节”和“宽厚里的变迁”，竟然引发班主任们的争抢。小张老师说：“乡情项目研究，学生热火朝天，创意不断，我这个‘老班’得给学生多争取实践学习的机会。”任教20多年的王老师说：“乡情课程的开发，让我这个‘老济南’有一种新生的感觉。带着任务游走熟悉的场所，带着问题查阅济南的历史，带着新理念组织研学活动，往日单调重复的教师生活多了色彩，也多了生机。我的语文课也在不知不觉中多了趣味。‘欣欣然睁开了眼，到处都是生机勃发的样子。’”

是的，“童趣泉城”德育实践活动课程改变的是教师的育人思想，改变的是教与学的方式，如在平静的湖面掷下一颗石子，荡漾起教育改革的层层涟漪。学校各学科课堂改革不断深入，学校的德育活动多了童真童趣，教师、学生多了几分动人的精气神，学校各项工作蒸蒸日上。

在这火热的济南的夏天，我们一班人放弃假期，聚在安静的校园里，总结“童趣泉城”德育实践活动课程实施的经验教训，规划课程再生长的图谱。

回望，感动，美好；回望，蓄满前行的力量……

（校长　韩爱民）

后记："看"出一往情深

"世界的起点是家乡，人生的起点在童年。"几年来，济南市青龙街小学一直在构建"童趣泉城"德育实践活动课程，引领小学生"行走泉城、品读家乡、植根文化"。《童眼看泉城》旨在记录我校课程开发的心路历程，总结课程实施的经验教训，明晰课程生长的方向路径。

全校教师、学生及众多家长都参与了"童趣泉城"德育实践活动课程的创新与实践，此书同样凝聚着所有参与者的情感、心血和智慧。大家积极提供资料，包括活动方案、学生作品、宣传报道和各种图片等。各篇署名文章大多是作者利用假期时间整理完善的。学生李钰琦手绘地图入选，家长又亲自指导完善。大家的热情态度、敬业精神令我感动，真心为"青小"的老师、同学及家长们点赞！

整理书稿的过程，实际上是对课程进行反思提升的过程。回过头来，审视课程方案、梳理课程资料、完善课程体系、撰写课程总结、指导老师修改稿件等大量的工作是王科科、徐磊、李暖、梁俊南等几位干部完成的。整个7月，她们泡在学校里，笑称"读研成博""破茧成蝶"。我则说："汗水泡出了几个秀才。"

编辑此书，希望能够"以情感人、以趣引人、以美化人、以实动人"。为此，我们请教了各方面的专家。语文教学名家张晓梅老师、阳光阅读文化公司李黎经理在书的章节设计及文字润色方面给了我们很多有益的指导。教师芦馨的爱人画家卢相鹏先生专门为此书绘制内文配图，给书增添灵气。蓝创公司的吴金龙先生专程随队拍摄照片，并无偿提供自拍的济南四季照片。80多岁高龄的"青小"校友叶世超老先生欣然把自己的佳作献给母校。济南出版社赵志坚先生几次莅临学校探讨设计。正因为有这么多"高人"支持提携，此书才得以出版。

真诚感谢为青龙街小学提供课程资源和各种帮助的社会各界的朋友！感谢所有理解、支持学校工作的家长们！

"童趣泉城"就像播撒进"青小"孩子们心田里的种子，把家乡文化、传统美德植入孩子心间。我们陶醉在呵护、培育的美好之中，沉浸于静待花开的教育人生。我们幸福地守望美好，守望成长。

校长　韩爱民

图书在版编目（CIP）数据

童眼看泉城 / 韩爱民主编 . -- 济南 : 济南出版社 , 2019.9

ISBN 978-7-5488-3886-9

Ⅰ . ①童… Ⅱ . ①韩… Ⅲ . ①德育—教学研究—小学 Ⅳ . ① G621

中国版本图书馆 CIP 数据核字（2019）第 202793 号

出 版 人　崔　刚
责任编辑　赵志坚　董慧慧　李文文
封面设计　山东阳光悦读教育科技有限公司
封面插图　李韵如
封底插图　张馨月

出版发行　济南出版社
地　　址　山东省济南市二环南路1号（250002）
印　　刷　济南新先锋彩印有限公司
版　　次　2019年9月第1版
印　　次　2019年9月第1次印刷
成品尺寸　170mm × 240mm　16开
印　　张　16
字　　数　223千字
定　　价　49.80元